"行走河南·读懂中国"系列丛书之传统村落

YUXI SHITOU CUNLUO
——MIANCHI ZHAOGOU CUN MINJU

豫西石头村落
——渑池赵沟村民居

宗迅 员丽娜 戴问源 著

河南大学出版社
·郑州·

图书在版编目（CIP）数据

豫西石头村落：渑池赵沟村民居 / 宗迅，员丽娜，戴问源著. -- 郑州：河南大学出版社，2022.4
ISBN 978-7-5649-5087-3

Ⅰ. ①豫… Ⅱ. ①宗… ②员… ③戴… Ⅲ. ①民居－建筑艺术－研究－河南 Ⅳ. ①TU241.5

中国版本图书馆CIP数据核字（2022）第057909号

策　　划	靳开川
责任编辑	靳开川　高枫叶
责任校对	巩永波
装帧设计	高枫叶

出　　版	河南大学出版社
	地址：郑州市郑东新区商务外环中华大厦2401号　邮　编：450046
	电话：0371-86163953（数字出版部）
	0371-86059701（营销部）
	网址：hupress.henu.edu.cn
印　　刷	河南瑞之光印刷股份有限公司
版　　次	2022年4月第1版
印　　次	2022年4月第1次印刷
开　　本	787 mm×1092 mm　1/16
印　　张	16
字　　数	200千字
定　　价	168.00元

（本书如有印装质量问题，请与河南大学出版社联系调换。）

总　　序

近年来，人们常常提到"乡愁"这个词，如"淡淡乡愁""记住乡愁""唤起乡愁""留住乡愁"，如此等等。显然，人们已把乡愁与殷殷的桑梓之情或割舍不断的精神家园联系在了一起，使其成为中华文化根系的重要表征之一。

那么，这种种乡愁具体表现于哪些方面呢？"惟有门前镜湖水，春风不改旧时波"（贺知章《回乡偶书二首》），这是关乎自然环境的；"君自故乡来，应知故乡事。来日绮窗前，寒梅著花未？"（王维《杂诗三首》其二），这是对故园人、事的追忆；"露从今夜白，月是故乡明"（杜甫《月夜忆舍弟》），这是自古传承的审美意象；"遥夜人何在，澄潭月里行。悠悠天宇旷，切切故乡情"（张九龄《西江夜行》），这是从月夜起兴而至内在情感的直抒；还有"家在梦中何日到，春生江上几人还？川原缭绕浮云外，宫阙参差落照间"（卢纶《长安春望》），则是对故乡城池、建筑及形貌的记叙与抒写。由此观之，乡愁是一种浓重沉郁、温婉绵长的情愫，它既无形又有形，既内在亦外显，既浸润于心灵也融渗于物象，处在这特有的文化语境之中的人们都可以深切地感受到。

而那些在经年累月中形成又代代相承、相传的传统村落，无疑是这既包含着物质又漾出精神的、丰富复杂的乡愁之最重要的载体之一了。

传统村落，原称"古村落"，主要是指1911年以前所建村落。2012年9月，经传统村落保护和发展专家委员会第一次会议决定，将习惯称谓的"古村落"改为"传统村落"。有学者认为，传统村落传承着中华民族的历史记忆、生产生活智慧、文化艺术结晶和民族地域特色，维系着中华文明的根;作为我国乡村历史、文化、自然遗产的"活化石"和"博物馆",它们寄托着中华各族儿女的乡愁,是中华传统文化的重要载体和中华民族的精神家园。

近年来,中国传统村落的保护与发展问题日益受到关注。2012年,我国启动中国传统村落保护工作。2014年,住房和城乡建设部、文化部、国家文物局、财政部联合发出《关于切实加强中国传统村落保护的指导意见》(建村〔2014〕61号)。2012、2013、2014年,先后有三批中国传统村落名录公布。2016年12月9日,第四批中国传统村落名录公布。凡此表明,这些昔日不为人识的文化宝藏,已闪烁出愈来愈鲜明的光彩。我们希望,呈现在读者面前的这套丛书,能够洞开一扇面向世界的窗牖,让这些富有诗意和文化意味的传统村落及其保护展现在世人面前。

传统村落兼有物质与非物质文化遗产的双重属性,包含了大量独特的历史记忆、宗族传衍、俚语方言、乡约乡规、生产方式等。这些文化遗产互相融合,互相依存,构成独特的整体。它们所蕴藏的独特的精神文化内涵,因村落的存在而存在,并使其厚重鲜活;同时,传统村落又是各种非物质文化遗产不能脱离的生命土壤。在传承的历史过程中,传统村落既承载着它的文化血脉和历史荣耀,又与生产生活息息相关。在此意义上,传统村落的建筑无论历史多久,又都不同于古建;古建属于过去时,而传统村落始终是现在时。这些传统民居,富含建筑学、历史学、民俗学、人类文化学和艺术审美等多方面的重要价值,起着记载历史、传承文化的作用。

但是,在一些急功近利、喧嚣浮躁的区域,传统村落的保护面临巨大的压力,尤其是随着我国城镇化建设进程的加快,传统村落遭到破坏的状况日益严峻,加强传统村落保护迫在眉睫。"让居民望得见山、看得见水、记得住乡愁",2013年12月召开的中央城镇化工作会议提出了这样一句充满温情的话语。如上所说，那些如古树、池塘、老井、灰墙以及涓涓细流、山川草甸等的物象，承载着无数人儿时的记忆，它们是很多人魂牵梦萦的成长符号。这种作为中国人的精神家园的"乡愁"，不应该随着城镇化而消失，它应当有处安放，能被守望，得以传承！

"乡书何处达？归雁洛阳边。"（王湾《次北固山下》）

"老家河南"，当之无愧。中原地区是华夏文明的发祥地之一，悠久的历史文化，形成了独具一格而又南北兼容的传统民居建筑特色。这些传统村落，既有其不可替代的历史文化价值，也寄托着中原儿女心头那一抹浓浓的"乡愁"。它们一方面反映了以河洛文化为中心的中原文化丰厚的历史积淀，同时也显现出其吐故纳新、厚德载物的生命活力。

河南的传统民居建筑包括窑洞、砖瓦式建筑、石板房以及现代平顶房，特色鲜明。窑洞，是由于地理、地质、气候等多种因素而形成的一种独特的民居建筑形式。"见树不见村，进村不见房，闻声不见人"，三门峡地区的地坑院又是窑洞民居中一种独具特色的建筑形式。还有太行山地区的石板建筑，石梯、石街、石板房、石头墙……无不和大自然和谐共生、融为一体，堪称河南民居中的一绝。石板岩镇所有的建筑和生活器具都是就地取材，无不体现了建筑者的智慧和对自然的尊重，形成自己独有的地方特色，形成一种极富地方文化魅力的民居建筑。同时，传统的儒家文化思想，在河南民居建筑中有着明显的体现。无论是处处可见的漏窗、木雕、砖雕、石雕，还是高大的门第和牌坊，大都镌刻有中原地区所特有的忠孝节义、礼义廉耻等传统美德故事，从厅堂到居室也大都张挂字画、楹联和警句，既使室内充满了人文气息，又潜移默化地起着警示和教育后人的作用。河南传统民居还可以看到一种"人、社会、自然"三重意义的和谐，体现出独特的儒家和谐建筑理念。河南地区至今仍保留着的传统古民居，多为明清时期所建，集建筑、规划、人文、环境于一体,是河南所在的中原文化与中国传统儒家文化重要的物质载体和文化遗产。另外,在工艺设计与建造风格上,河南民居也兼有南方之秀和北方之雄,具有独特的历史文化与艺术审美价值,值得我们进行深入的探索和挖掘。

  为弘扬中原厚重的历史文化,系统性、完整性、学术性地整理和展现传统村落,更好地展现中国传统村落建筑简史、村落形制、土木建筑、建筑平面与空间形态、建筑形态、民俗文化艺术等,这套丛书利用虚拟现实技术(VR)和增强现实技术(AR),以传统纸质出版物为主要载体,开发了传统村落App,使该书不但具有传统图书的形式,又包含有音频、视频、三维模型、三维动画等多种富媒体资源,利用智能终端进行全方位的深度阅读体验。

  "君自故乡来,应知故乡事。"我们愿渐次展开家乡的那些美好画卷,打开故园的那些动人意蕴!当然,中国传统村落如同浩瀚无垠的宇宙,我们在有限的时间内试图抓取和整理无限的文化财富将是非常困难的。因此,我们首先选取了河南地区的部分传统村落组织出版,希望本丛书的出版发行能够起到抛砖引玉的作用,能够引起广大读者对中国传统村落的兴趣,启发更多的人了解她、走近她、思考她,进而用自己的实际行动来保护她,为后世子孙留下值得铭记和传承的珍贵遗产,以守住我们传统村落所特有的文化"基因"。

张云鹏
2018年12月

目　录

第一章　综述 / 1

　　一、三门峡市 / 9
　　二、渑池县 / 10
　　三、段村乡 / 11
　　四、赵沟村 / 12

第二章　豫西民居状况 / 17

　　一、窑洞民居 / 19
　　二、合院民居 / 20

第三章　赵沟村村落构成及建筑分布 / 23

　　一、总体布局 / 25
　　二、赵沟村民居建筑平面构成分类 / 27
　　三、民居建筑案例 / 34
　　四、居民以及民居的变化与居住状况 / 82
　　五、赵沟村的公共建筑 / 84
　　六、其他建筑 / 97

第四章　赵沟村民居建筑 / 105

一、传统建筑空间布局 / 107
二、建筑的屋顶形态 / 112
三、抬梁式梁架结构 / 115
四、赵沟村民居的建筑特色 / 133
五、传统民居的墙体材料 / 141
六、建筑装饰构件 / 147

第五章　景观环境 / 165

一、山 / 167
二、水（沟）/ 168
三、古泉 / 174
四、巷道 / 180
五、植物及菌类 / 184

第六章　赵沟村的生活风景 / 205

一、家具 / 207
二、生产生活工具 / 215
三、收获 / 238

第七章　赵沟村的保护及发展 / 241

一、赵沟村的发展现状 / 243
二、赵沟村的价值所在 / 243
三、赵沟村的保护与发展思考 / 244

后记 / 245

第一章 综述

传统村落中蕴藏着丰富的历史信息和文化景观,是中国农耕文明留下的最大遗产。它承载着中华传统文化的精华,是繁荣发展民族文化的根基。它拥有物质形态和非物质形态文化遗产,具有较高的历史、文化、科学、艺术、社会、经济价值。

传统村落越来越受到社会各界的关注。2013年1月31日发布的2013年中央一号文件《中共中央 国务院关于加快发展现代农业 进一步增强农村发展活力的若干意见》中,第一次出现了"传统村落"。传统村落是在我国经济社会快速发展新阶段提出的新概念。2012年9月,经传统村落保护和发展专家委员会第一次会议决定,将习惯称谓"古村落"改为"传统村落",以突出其文明价值及传承的意义。为了更好地保护传统村落,从2012年到2019年,住建部等七部门陆续公布了五批中国传统村落,总计6769个村落入选(见表1-1)。

表1-1 第一批至第五批中国传统村落入选数量

中国传统村落名录批次	村落数量(个)	公布时间
第一批	646	2012年12月17日
第二批	915	2013年8月26日
第三批	944	2014年11月17日
第四批	1598	2016年12月9日
第五批	2666	2019年6月6日
总计	6769	

如今,传统村落保护已是广为人知的话题,但如何保护是最合适的,仍然需要进一步探索。

"目前的传统村落保护正面临新的困境,已经建立名录的传统村落正趋向'十大雷同'。如果失去了千姿百态的文化个性和活力,传统村落的保护将无从谈起,留住'乡愁'也将落空。"时任中国文联副主席、住建部传统村落保护和发展专家委员会主任委员的冯骥才先生在接受记者采访时曾发出过这样的担心和忧虑。[1]

传统村落也逐渐成为人们关注的热点,除已公布的五批中国传统村落以外,各地政府也公布了当地的省级传统村落。河南作为华夏文明的重要发祥地和传承区,传统村落记载并延续着中原地域独具特色的历史文化遗产,不仅能为我们展示农耕时代乡村生活的印记,更能从中探索人与自然和谐发展的文化渊源。除了有205个村落入选中国传统村落名录外,河南省目前已公布六批传统村落,共有1035个村落被列入河南省传统村落名录(见表1-2)。

表1-2　第一批至第六批河南省传统村落入选数量

河南省传统村落名录批次	村落数量(个)	公布时间
第一批	320	2013年6月28日
第二批	95	2014年7月21日
第三批	96	2015年9月9日
第四批	80	2016年9月17日
第五批	220	2018年2月7日
第六批	224	2021年11月1日
总计	1035	

在始于2007年的第三次全国文物普查中,大量以往未受到充分关注和重视的传统民居被列入不可移动文物名录,其独特价值和意义开始得到更多学者的认同。居住建筑研究作为乡土建筑研究中的一个分支,起始最早,成果也最为丰硕。

---

[1] 周润健:《冯骥才:中国传统村落正趋向"十大雷同"失去千姿百态的文化个性和活力》,环球网,http://china.huanqiu.com/article/9CaKrnJYNcf,访问日期:2022年1月10日。

然而，学界对河南的民居建筑研究相对较少。在被称为"中原民居的补遗之作"的《河南民居》问世之前，河南省民居的整体状况甚至还不明了。大量富有地方特色的民居建筑在尚未得到足够认知的情况下被闲置甚至遭到破坏。近年来，相关领域已受到极大关注，但着眼点多在具有重大历史、艺术、科学价值的"高大上"热点。对民居的建筑空间构成、居民生活方式的研究，以及社会、家庭环境变化后原有居住空间格局的变化发展的研究仍属空白。

豫西地区是窑洞民居的六大分布区之一，该区域也是河南境内窑洞与合院式民居相结合民居形式的主要分布区。除此还有大量以合院式民居为主的传统村落遗存，其村落、民居形式反映出典型的地域特征。对于这些传统村落的文化、历史价值尚没有完整的诠释，所以很难对其地位、价值做出科学的断定。因此，这些传统村落如何保护、如何合理利用依然是当前面临的重要课题。

三门峡市是传统村落遗存较多的地区之一，已公布的六批河南省传统村落名录中三门峡共有92个村落入选（见表1-3）。其中有14个村落入选中国传统村落名录，渑池县段村乡赵沟村就是其中之一。

赵沟村是三门峡古建筑群保护最好的村落之一，地域特色比较明显，具有较高的建筑研究价值。除此之外，这里自然风光优美、文化底蕴深厚、民俗风情淳朴浓郁，吸引了一些专家学者以及传统民居的关注者、摄影爱好者、旅游爱好者前来。另外，多部电影在此拍摄或取景。

初步研究发现，其既有所处豫西地区传统民居的共性特征，也有不同于周边其他民居的特殊点。

表1-3　三门峡传统村落

序号	名称	所在位置	入选河南传统村落名录	入选中国传统村落名录
1	庙上村	三门峡市陕州区西张村镇	第一批	第一批
2	会兴村	三门峡市湖滨区会兴街道	第一批	
3	西路井村	三门峡市灵宝市大王镇	第一批	
4	三圣村	三门峡市灵宝市川口乡	第一批	
5	秦池村	三门峡市灵宝市朱阳镇	第一批	
6	朱阳村	三门峡市灵宝市朱阳镇	第一批	第二批
7	杨公寨村	三门峡市灵宝市尹庄镇	第一批	
8	北厥山村	三门峡市灵宝市尹庄镇	第一批	
9	沟东村	三门峡市灵宝市焦村镇	第一批	
10	民湾村	三门峡市卢氏县杜关镇	第一批	
11	瓮观村	三门峡市卢氏县官道口镇	第一批	
12	杜店村	三门峡市卢氏县朱阳关镇	第一批	第二批
13	人马寨村	三门峡市陕州区西张村镇	第一批	
14	反上村	三门峡市陕州区西张村镇	第一批	
15	南沟村	三门峡市陕州区西张村镇	第一批	第二批
16	石壕村	三门峡市陕州区观音堂镇	第一批	
17	寺院村	三门峡市陕州区张汴乡	第一批	
18	刘寺村	三门峡市陕州区张汴乡	第一批	第三批
19	北营村	三门峡市陕州区张汴乡	第一批	
20	池底村	三门峡市渑池县陈村乡	第一批	
21	赵沟村	三门峡市渑池县段村乡	第一批	第二批
22	赵坡头村	三门峡市渑池县段村乡	第一批	第二批
23	上中关村	三门峡市渑池县段村乡	第一批	
24	关底村	三门峡市渑池县南村乡	第一批	
25	金灯河村	三门峡市渑池县南村乡	第一批	
26	陶村	三门峡市渑池县天池镇	第一批	
27	圪增村	三门峡市渑池县坡头乡	第一批	

续表

序号	名称	所在位置	入选河南传统村落名录	入选中国传统村落名录
28	马跑泉村	三门峡市渑池县仁村乡	第一批	
29	石佛村	三门峡市义马市东区办事处	第一批	第二批
30	南上村	三门峡市灵宝市焦村镇	第二批	
31	东村	三门峡市灵宝市焦村镇	第三批	
32	底董村	三门峡市灵宝市豫灵镇	第三批	
33	苏秦村	三门峡市渑池县张村镇	第三批	第四批
34	丁管营村	三门峡市陕州区西张村镇	第三批	第三批
35	官寨头村	三门峡市陕州区张湾乡	第四批	第四批
36	曲村	三门峡市陕州区张汴乡	第四批	第五批
37	犁牛河村	三门峡市灵宝市朱阳镇	第四批	
38	两岔河村	三门峡市灵宝市朱阳镇	第四批	第五批
39	王家村	三门峡市灵宝市朱阳镇	第四批	
40	南阳平村	三门峡市灵宝市阳平镇	第五批	
41	文峪村	三门峡市灵宝市豫灵镇	第五批	
42	河南庄村	三门峡市渑池县张村镇	第五批	
43	大桑沟村	三门峡市卢氏县文峪乡	第五批	第五批
44	窑子沟村	三门峡市卢氏县文峪乡	第五批	
45	祁寸湾村	三门峡市卢氏县东明镇	第五批	
46	北苏村	三门峡市卢氏县东明镇	第五批	
47	先峪村	三门峡市卢氏县东明镇	第五批	
48	东寨村	三门峡市卢氏县范里镇	第五批	
49	范里村	三门峡市卢氏县范里镇	第五批	
50	青山村	三门峡市卢氏县横涧乡	第五批	
51	照村	三门峡市卢氏县横涧乡	第五批	
52	江槽村	三门峡市卢氏县官道口镇	第五批	
53	杨眉河村	三门峡市卢氏县官道口镇	第五批	
54	龙驹村	三门峡市卢氏县双龙湾镇	第五批	

续表

序号	名称	所在位置	入选河南传统村落名录	入选中国传统村落名录
55	河南村	三门峡市卢氏县五里川镇	第五批	
56	三角村	三门峡市卢氏县沙河乡	第五批	
57	留书村	三门峡市卢氏县沙河乡	第五批	
58	高沟口村	三门峡市卢氏县汤河乡	第五批	
59	新建村	三门峡市陕州区原店镇	第五批	
60	田家庄村	三门峡市陕州区菜园乡	第六批	
61	北阳村	三门峡市陕州区菜园乡	第六批	
62	雁翎关村	三门峡市陕州区菜园乡	第六批	
63	位家沟村	三门峡市湖滨区高庙乡	第六批	
64	凤脉寺村	三门峡市灵宝市五亩乡	第六批	
65	新坪村	三门峡市卢氏县官道口镇	第六批	
66	果岭村	三门峡市卢氏县官道口镇	第六批	
67	木桐村	三门峡市卢氏县木桐乡	第六批	
68	黄叶村	三门峡市卢氏县潘河乡	第六批	
69	两河村	三门峡市卢氏县潘河乡	第六批	
70	前河村	三门峡市卢氏县潘河乡	第六批	
71	灰堆石村	三门峡市卢氏县文峪乡	第六批	
72	江渠村	三门峡市卢氏县东明镇	第六批	
73	东坪村	三门峡市卢氏县东明镇	第六批	
74	古寨村	三门峡市卢氏县瓦窑沟乡	第六批	
75	观沟村	三门峡市卢氏县瓦窑沟乡	第六批	
76	凤凰村	三门峡市卢氏县瓦窑沟乡	第六批	
77	瓦窑沟村	三门峡市卢氏县瓦窑沟乡	第六批	
78	凤凰湾村	三门峡市卢氏县徐家湾乡	第六批	
79	古墓窑村	三门峡市卢氏县五里川镇	第六批	
80	北李村	三门峡市卢氏县五里川镇	第六批	
81	涧底村	三门峡市卢氏县范里镇	第六批	

续表

序号	名称	所在位置	入选河南传统村落名录	入选中国传统村落名录
82	苗村	三门峡市卢氏县范里镇	第六批	
83	里铺村	三门峡市卢氏县范里镇	第六批	
84	柳树湾村	三门峡市卢氏县狮子坪乡	第六批	
85	花园寺村	三门峡市卢氏县狮子坪乡	第六批	
86	颜子河村	三门峡市卢氏县狮子坪乡	第六批	
87	狮子坪村	三门峡市卢氏县狮子坪乡	第六批	
88	周家村	三门峡市卢氏县沙河乡	第六批	
89	大王村	三门峡市卢氏县沙河乡	第六批	
90	漂池村	三门峡市卢氏县朱阳关镇	第六批	
91	上南庄村	三门峡市渑池县陈村乡	第六批	
92	西山底村	三门峡市渑池县南村乡	第六批	

一、三门峡市

三门峡市位于河南省西部,地处河南、山西、陕西三省交界处,辖2区(湖滨区、陕州区)、2市(灵宝市、义马市)、2县(卢氏县、渑池县)、1个经济开发区和1个城乡一体化示范区,总面积10496平方千米。三门峡市东西横距153千米,南北宽132千米,居东经110°21′42″～112°01′24″,北纬33°31′24″～35°05′48″之间。处于秦岭山脉东延与伏牛山、熊耳山、崤山交汇地带,海拔在300米至1500米之间,山区面积5750平方千米,丘陵面积3777平方千米,川原面积969平方千米,分别占总面积的54.8%、36.0%和9.2%。[1]

二、渑池县

渑池县为三门峡市辖县之一。地理位置在北纬34°36′至35°05′，东经111°33′至112°01′。北滨黄河与山西省的垣曲、夏县、平陆等县隔河相望，南连熊耳与洛阳市的洛宁县、宜阳县接壤，东裹义马市与新安县（洛阳市）为邻，西界崤函连接三门峡陕州区。东西宽43.5千米，南北长52.8千米，总面积1368平方千米。县政府驻地东距省会郑州170千米、距洛阳74千米，西距三门峡68千米。[2]

渑池县地貌属浅山丘陵类型，海拔200~1500米不等，平均海拔505.8米。地貌南北差异较大。山区属秦岭余脉的崤山段（欽釜山），有大山约87座，山头2270个，主要分南北两干。南干西崤山（南大岭），以土山丘陵为主，主要山头有熊耳山、龟山（吕祖庙山）等。北干东崤山，以中低山区为主，主峰韶山，海拔1463.2米。海拔1000米以上的山峰还有：位于段村乡的尖山、笔架山、黄顶山、香炉山、关爷山、书山、羊园山，位于坡头乡的三架山、双栗树、五朵山、万古山、鳌山（雷公山），位于仁村乡的方山、轿顶山、寺大顶、木兰山，位于西阳乡的天坛山，位于南村乡的黛眉山等。

---

[1] 三门峡市地方史志编纂委员会编《三门峡市志（1991~2000）》，第一册，方志出版社，2010，第91页。

[2] 渑池县地方史志编纂委员会编《渑池县志（1986~2000）》，方志出版社，2006，第11页。

渑池县为暖温带大陆性季风气候。由于地形地貌多变，小气候较多。光照充足但热量不足，昼夜温差较大。干旱严重，据统计为十年九旱。全县水资源的特点是总量不足，时空分布不均匀。因地势高低和地下岩层分布不同，境内的地下水深度差异较大，浅者2米左右，深者可达500米。浅水主要为生活用水，深水主要为工业用水。曾因气候干旱和滥用，地下水水位下降造成严重的人畜吃水困难。[1]

渑池县境内河流均属黄河水系，地表有大小河溪共计132条，其中主流26条、支流62条、小支流44条，由于1990年后气候干旱少雨，地表水补给较少，河流流量逐年减少，至2000年大部分河流干涸或断流。

三、段村乡

段村乡位于渑池县北部。东临洛阳市新安县，南和西阳、仁村两乡相连，西与坡头乡为邻，西北隔黄河与山西省垣曲县相望，东北和南村乡接壤（图1-1）。

全乡地势南高北低，属深山区。境内最高山峰黄顶山，海拔1384.7米。段村1958年建立公社，1984年1月改为段村乡，乡政府驻地段村。至2000年底，全乡下辖北段村、上涧、中关、东庄沟、四龙庙、赵沟、中朝、柏隆、宋村、南岭和林场等11个村，82个村民组，236个自然村。全乡总面积204平方千米，其中耕地面积1344公顷。总人口9384人，其中

---

[1] 渑池县地方史志编纂委员会编《渑池县志（1986～2000）》，方志出版社，2006，第60—63页。

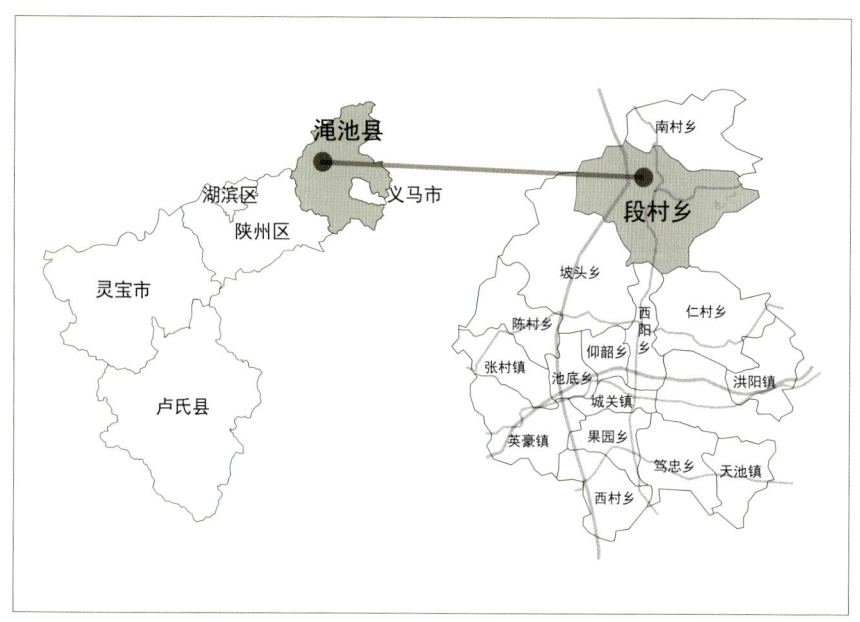

图1-1 段村乡区位示意图

农业人口9094人。

四、赵沟村

（一）赵沟村概况

赵沟行政村隶属于渑池县段村乡，位于段村乡西南部，距段村乡政府所在地约10千米。南距渑池县城46千米，北距黄河小浪底水库约15千米，东北方向距离仰韶大峡谷3千米。有12个自然村，7个村民小组，220多户，760多口人。

赵沟村地处东崤山中低山区，以浅山丘陵地貌类型为主，海拔在

500～1400米不等。赵沟村被群山环抱，四周南高北低，海拔1000米以上的高峰南部有笔架山（海拔1202米）、书山（海拔1056米）、老君山（海拔1356米），东南部有尖山（海拔1039米），东部有东大园（海拔1162米），西部有香炉山（海拔1182米）。

赵沟村四季分明，春季短暂，夏季湿热，秋季凉爽，冬季干冷。

流经赵沟村的主要河流有赵沟河、大范沟、烟地沟等。赵沟河由南向北从古村东侧流过，形成古村三面环山、一水中流的格局。赵沟村周围低山丘陵土层深厚，土地肥沃，植被茂密，花繁果香，有大面积的经济林、用材林、牧草及中草药资源。主要植被有栓皮栎、山桃、柿子、杏、黄栌、酸枣、棠梨、白蜡、五味子、山葡萄、柴胡、金银花、连翘等。本地野生动物丰富，有野猪、山鸡、野兔、蛇等。村民们主要养殖的动物有牛、羊、猪、鸡、兔、蜜蜂等。

（二）赵沟村的起源

据《赵家族谱》记载，赵氏始祖赵节使或与北宋开国宰相赵普、南宋名相赵鼎同族。赵氏始祖有两个孩子赵福清和赵福海，赵福清和毛氏结婚生下赵伯威和赵伯诚，其中赵伯诚迁湖南。赵伯威和尹氏结婚，生下六个孩子分别是一翁、二翁、三翁、四翁、五翁和六翁。一翁膝下一子名念一，二翁有两个孩子念二和念三，三翁有三个孩子念五、念六和念八，四翁只有一个孩子叫念四，五翁膝下一子守忠，六翁生下念七。五翁的儿子守忠有二子嗣昌和嗣荣。

因远祖世系难以追溯，晋豫诸地赵氏后人皆以嗣昌、嗣荣兄弟为始祖一世。赵嗣昌这一支系居山西垣曲县陈村（今陈堡村）。赵嗣荣这一支系于宋末元初社会动荡年间携儿带女落地僻壤渑邑北赵沟，开垦荒山立业兴家，史称石家庄（现为八亩耕地）。石家庄的命名一是因为房子全是用石头建造，二是以户数为十来户谐音取义。随族系兴盛、人口发展，再加上村子的东面和南面是百余米深的山涧，西面是峻岭峭壁，北面是狭窄的深谷，不便开垦耕耘，石家庄已不能满足家族发展的需要。于是上迁约500米处的书山脚下另建家园，改称赵沟村（又名书山村）。[1]

据立于道光十四年（1834年）的"渑北赵沟北岑墓碑"记载，在赵沟居住的人约有十五世，始迁到南村，南村有老茔正三门人，长门最盛。老三门中都以嗣荣为始祖。其后族大人繁，外迁甚多。至今赵沟的赵氏居民已延续至二十余世。赵氏自第三世立长子赵信为长门，次子赵从为二门，三子赵亮为三门，四子赵玉成为四门。其中四门赵玉成于明朝初年迁至洛阳市宜阳县，亦称赵沟村。目前，赵沟村的居民主要以长门人口最多，其次是二门、三门。

我们所关注的赵沟村传统村落，是7个村民小组中的第2和第4村民组所居住的区域，共80多户，330多口人。赵沟村内现存古戏楼、奶奶庙、赵氏祠堂以及大量民居建筑，分布于南北长约280米，东西宽约70米的依山傍水台地之上（图1-2）。村中以当地石材铺设的巷道蜿蜒迂回、纵横交织。以石材砌筑石基、石墙的民居顺势而建，错落有致地分布于巷道两侧。村内石碾、石磨、石臼、石槽随处可见，古井、古树点缀其中，古朴典雅，简直就是一个"石头村落"。村北仅有一条进出道路，路面仅可容步行通过。走进农家，院里摆放着锄头、犁、耙等农具，家家圈养着牛、羊、鸡等家畜家禽。整个村子至今仍较好保持着村落的原始风貌、传统的生活生产方式、淳朴的民风习俗。

---

[1] 《赵家族谱》，2017，前言。

图 1-2 赵沟村俯视图

赵沟村于2012年1月入选河南省第五批历史文化名村。2013年6月，入选第一批河南省传统村落名录。2013年8月，入选第二批中国传统村落名录。2016年1月，被河南省人民政府公布为省级文物保护单位（图1-3）。

图1-3 赵沟村传统民居省级文物保护单位碑

第二章　豫西民居状况

中国北方传统建筑类型丰富，合院民居是其中具代表性的民居形式，也是豫西地区主要的民居形式。窑洞民居是黄土高原的产物，是独特的民居形式，具有浓厚的民俗风情和乡土气息。豫西地区地处黄土高原的边缘地带，窑洞民居也在该地区占有重要的地位。

赵沟村的传统民居建筑从空间布局形态上看属于合院建筑形式，从建筑的营造方式上能体现同类建筑的整体特征，也有较鲜明的特色，总体给人的印象是"五花八门"。我们希望通过系统调查，把握赵沟村建筑的特点，结合同类型建筑的比较，尝试论证其特色所在。

一、窑洞民居

豫西地区是河南境内窑洞与合院式民居相结合民居形式的主要分布区，其村落、民居形式反映出典型的地域特征。自20世纪80年代以来，窑洞民居得到了国内外学者的广泛关注，研究成果丰硕。如，侯继尧、王军的《中国窑洞》，茶谷正洋、八代克彦等人的《中国·窑洞住居の庭空间の类型に関する考察》等等。窑洞民居包括靠山窑（靠崖式）、天井窑（下沉式）、明箍窑（砌筑式）三种类型。靠山窑是依天然地形适当修整后横向挖窑，并在窑前留有建房的位置，最终建房构成窑房结合的封闭院落。天井窑是在没有可直接利用的山崖时，先向下挖一个方地坑，四周形成直壁，然后再依据需要开凿出的可供居住生活用的窑洞。靠山窑和天井窑在三门峡市所辖的陕州区（原陕县），洛阳市所辖的偃师区（原偃师市）、孟津区（原孟津县）、新安县、洛宁县等地有较广泛的分布。明箍窑是在平地上直接用砖、石、土坯等依山或临山发券砌筑而成，也有窑前建房或围墙形成院落的，是在地势平缓、黄土堆积层浅薄或岩石外露等不具备开挖窑洞的地方常见的窑洞形式。明箍窑在整个豫西地区都较为常见。

渑池县大部分地区没有深厚的黄土堆积层，窑洞分布数量不多。赵沟村仅有一处窑洞建筑，属于平地上砌筑的明箍窑，结构体系是石拱承重，与抬梁结构的坡屋顶建筑一起围合成三合院，作为厢房使用。

二、合院民居

合院民居是中国北方地区常见的院落空间布局形式，是在地势较平坦地带，按传统的中轴对称、封闭严谨的空间序列布局的，以满足家族中情相亲、功相助的需求，体现家族生活长幼有序、上下有分、内外有别的要求。合院民居一般由复数的房屋按照一定的规律围合而成，以围合房屋的情况命名。常见的有四面围合的四合院、三面围合的三合院、两面围合的二合院等（图2-1）。以四合院为例，正面的房屋称作正房，左右的房屋称作厢房，与正房相对、临近道路的房屋称作倒座，由此构成一个四面围合的合院单元。如在此基础上沿中轴线向后延伸，在正房的后面增加左右厢房和一栋正房，又可构成一个新的围合单元，从而形成有两个独立单元的院落。以此类推，最终可形成由复数围合单元构成的院落。这些独立围合的单元以"进"计数，也就是通常所说的"几进"院落。另外，在围合空间的构成方面，也有以四合院为基础，在靠近倒座的厢房两山墙之间建隔墙，再在中间开门（如北京四合院的垂花门），使原本独立的一个围合单元变为两个独立的围合空间，从而形成二进院。

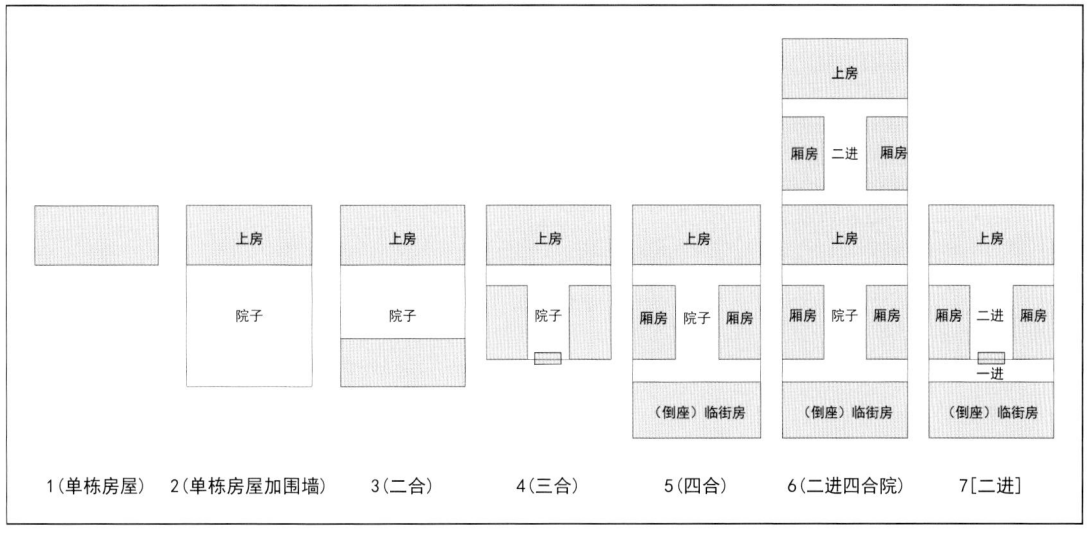

图 2-1　合院民居类型示意图

四面围合的四合院，一般除了设置进出院落的出入口，不开窗户，具有很强的私密性和防御性，形成了比较隐秘的庭院空间。四面围合的四合院是老百姓比较理想的住宅形式。然而，由于受人口、经济、环境等因素的影响，住房建造方面不能实现"理想"的也比比皆是，实际的住宅仅有一栋单体房屋或仅一栋单体房屋再用围墙围合成院子的情况也较为常见。

第三章 赵沟村村落构成及建筑分布

我们通过实地调查、建筑测绘、文献分析并结合居民采访及专家采访，对赵沟村的建筑现状进行了分析。

一、总体布局

赵沟村地势西南高东北低，由西南向东北顺势递减。村落建筑分布在三个地势较平坦的台地上，多数建筑分布在第二台地上。

以单体建筑为单位进行分析统计，赵沟村目前总共有318栋建筑。[1]其中有5栋是公共建筑，分别是奶奶庙（3栋建筑）、赵家祠堂和书山影剧院。有223栋单体建筑构成了81座宅院。另外还有84栋单体建筑，主要是居民在临近自家住宅的地方修建的牛棚、仓库、烟炕房等其他建筑。

为了方便调查记录、实地测绘，我们对赵沟村的空间布局进行分类整理，将整个村落根据地形以及道路分布特点进行分区，划分为A、B、C、D、E、F六个片区（图3-1）。

A片区位于村落的最北部。B片区临近村子中心，其东侧有一小块平台和一棵古树，顺着平台向东下台阶可直接到镜泉和奶奶庙。C片区位于地势较高的位置，院落较少，多连排分布，其东侧有一条贯穿全村南北的道路。D片区的院落位于村子的相对中心位置。E片区位于全村的最南部，赵家祠堂就位于该片区。F片区位于村子的东部，是整个村落地势最低的片区，毗邻东面的赵沟河，在这个片区里有奶奶庙和古戏

---

[1] 在对赵沟村进行现场调查期间，村里新加建了5栋建筑（如公厕），未列为分析对象。另外，还有1栋门楼也未列为分析对象。

图 3-1　赵沟村的建筑空间分布

楼，还有赵元午等名人的故居。

二、赵沟村民居建筑平面构成分类

赵沟村的合院及房屋的命名与北方常见的命名相似，如将四面围合的院落称为四合院或四合头院，三面围合的称三合院，两面围合的称二合院等。除此之外的院落常被称为"不正规"或"不成型"的宅院。赵沟村坐北面南的宅院数量较多，四合院正面的房屋一般也称作上房，左右的房屋称作东厢房、西厢房，与正房相对、临近道路的房屋称作南屋。

为进一步分析传统院落的历史信息，分析各建筑的相互关系以及建筑的使用与所属情况，我们对赵沟村的民居建筑进行了空间分类，最终将223栋单体建筑划分出以不同形式围合、构成的81座宅院。其中A片区共有9座，B片区共有20座，C片区共有14座，D片区共有13座，E片区共有16座，F片区共有9座。[1]

受社会发展、居民各自的家庭情况、环境因素等方面的影响，同村的民居中几乎没有相同的建筑及相同的院落。依据一定的分类标准，即便可以归纳出若干种类型，但细节方面仍存在较多的不同之处，呈现出多样化的面貌。为了方便理解民居的特征，我们将民居的平面形态归纳

---

[1] A片区的院落以字母A进行编号，编有A-(1)至A-(9)。B片区的院落以字母B进行编号，编有B-(1)至B-(20)。C片区的院落以字母C进行编号，编有C-(1)至C-(14)。D片区的院落以字母D进行编号，编有D-(1)至D-(13)。E片区的院落以字母E进行编号，编有E-(1)至E-(16)。F片区的院落以字母F进行编号，编有F-(1)至F-(9)。

出24种类型（图3-2）。

类型 A 是仅有1栋房屋，没有其他建筑围合，也没有用围墙围合，完全开敞的住宅。全村有2处，分别是 E-（16）和 A-（9）。

类型 B 同样是只有1栋房屋，但用墙围合出院子而形成封闭院落。全村有2处，分别是 D-（13）和 E-（4）。

类型 C 是有2栋房屋的住宅，住宅的基地范围内有建上房的空间，但只在两侧厢房的位置建了2栋房屋。在2栋房屋两端的两山墙之间修建了围墙而形成封闭的院落，在一侧墙上开门作为出入口。全村有3处，分别是 B-（18）、C-（1）、E-（7）。

类型 D 与类型 C 相似，也是只有2栋房屋的住宅，住宅的基地范围内有建上房的空间，但只建了2栋厢房。与类型 C 不同的是，在一端的两山墙间修了围墙，另一端利用前面院落正房的后背墙形成围合空间，

图 3-2　赵沟村民居建筑平面分类示意图

最后没有刻意封闭院落，而是利用右侧厢房[1]和前面院落正房的后背墙之间的夹道作为出入口。这样的情况全村仅有1处，是B-（2）。

类型E也是只有2栋厢房，但住宅的基地临近山体，基地范围内建上房的空间不足，只在右厢房的一端另建了一栋小房屋，两厢房的另一端修建了围墙形成封闭围合的院落，中间开门作为出入口。类型E全村有2处，分别是A-（2）、A-（6）。

类型F建有1栋左厢房和上房，平面形态呈"L"形，也没有再修建围墙围合成封闭院落，是完全开敞的形态。全村仅有1处，是B-（10）。

类型G是仅建有上房和1栋右厢房，平面形态仿佛是类型F的镜像，也是没有建围墙的开敞院落。全村有1处，是C-（2）。

类型H与类型F相似，建有上房和1栋左厢房，只是又修建了围墙，封闭了院落。全村有2处，分别是B-（7）、C-（4）。

类型I与类型G相似，建有上房和1栋右厢房，只是又修建了围墙，封闭了院落，平面形态仿佛是类型H的镜像。该类型的院落在村子里相对较多，全村有12处，分别是A片区的A-（5）、A-（7），B片区的B-（3）、B-（4）、B-（8）、B-（11）、B-（13）、B-（20），C片区的C-（8）、C-（14），D片区的D-（1），E片区的E-（11）。

类型J与标准三合院非常相似，建有上房和2栋厢房，不同的是一侧的厢房只有另一侧厢房的一半大小，剩下的另一部分在修建围墙后形成一小块空地，相对标准三合院而言，房屋的面积减少，但院子空间相

---

[1] 在我国北方，坐北朝南的院落一般是正房坐北面南，面向南方左侧的厢房称为东厢房、右侧的厢房称为西厢房。赵沟村民居中存在坐南朝北、坐西朝东等非坐北朝南的民居。因此，为了便于在文中描述仅在本小节以正视图3-2为视角基准，厢房以左、右区分，而不以东、西区分。

对有所增加。类型 J 全村有9处，分别是 A 片区的 A-（3），B 片区的 B-（17），D 片区的 D-（10）、D-（11）、D-（12），E 片区的 E-（2）、E-（3）、E-（12）、E-（13）。

类型 K 建有上房和2栋厢房，三面建筑围合，但没有修建围墙围成封闭院落。两厢房之间的开口也是院落的出入口。整体算是三面围而不合的院落。全村有1处，是 B-（16）。

类型 L 与类型 K 平面形态几乎一样，只是在两厢房的一端山墙间修建了围墙，围合成了封闭院落，算是标准的三合院。出入口一般设置在两厢房之间所建围墙的正中间[1]，进入院内可直接看到上房。类型 L 是全村数量最多的类型，全村有27处，分别是 A 片区的 A-（1）、A-（4）、A-（8），B 片区的 B-（1）、B-（5）、B-（6）、B-（9）、B-（12）、B-（14）、B-（15）、B-（19），C 片区的 C-（5）、C-（9）、C-（13），D 片区的 D-（2）、D-（3）、D-（6）、D-（7），E 片区的 E-（1）、E-（6）、E-（8）、E-（10）、E-（14），F 片区的 F-（1）、F-（2）、F-（6）、F-（9）。[2]

类型 M 也是建有上房和2栋厢房，三面建筑围合。没有在厢房的一端山墙上修建围墙，而是在厢房山墙以外拓展了一定空间的位置修建围墙，形成围合院落。又在院落的右下角修建大门作为出入口。相对类型 K 而言，院子空间大了许多。类型 M 全村有2处，分别是 C-（10）、E-（9）。

类型 N 和类型 M 形态相似，不同的是类型 N 的左右两侧为2栋连

---

[1] 也有个别案例用右厢房的一间作为出入口，出入口的位置未设置在院落中轴线上，如 C-（9）院。B-（14）院曾经也是利用右厢房的一间作为出入口，后来将右厢房的出入口封闭，在两厢房面向院外一端山墙之间的隔墙上新开了出入口。

[2] C-（9）院原有东厢房，D-（2）、D-（6）院原有西厢房，F-（9）院原有上房，后来坍塌。F-（9）院没有人住之后曾养过牛，最后也荒废了。

在一起的厢房，三面建筑围合，在厢房山墙以外拓展了一定空间修建围墙形成围合院落，在院落的右下角修建大门作为出入口，因此院子内部显得特别狭长。类型 N 全村有1处，是 C-（11）。

类型 O 也是建有上房及左右厢房，三面建筑围合成封闭空间，在左右厢房的山墙之间修有隔墙，隔墙外侧又建有1栋右厢房，又修围墙围合成另一个封闭空间，形成前后两个独立的空间，在院落的右下角修建大门作为出入口。类型 O 全村有1处，是 C-（12）。

类型 P 是由上房、南屋以及1栋右厢房组成的三面围合空间，又通过围墙围合成另一个独立封闭的院落。在南屋的中间一间设置进出院落的出入口和通道，进入院内可直接看到上房。类型 P 全村有1处，是 C-（3）。

类型 Q 是由上房、南屋以及2栋厢房组成的四面围合空间，只是右厢房仅有左厢房的一半大小，剩下的另一部分在修建围墙后形成一小块空地，相对标准的四合院而言，房屋的面积减少，但院子空间相对有所增加。南屋的中间一间设置进出院落的出入口和通道。进入院内可直接看到上房。类型 Q 全村有1处，是 C-（7）。

类型 R 是由上房、南屋以及2栋厢房组成的四面围合空间[1]，又通过围墙围合成独立封闭的院落，一般在南屋右边的一间设置进出院落的通道，仅有一例出入口设置在右厢房靠近南屋的一间，进入院内不会直接看到上房。类型 R 全村有5处，是 D 片区的 D-（4）、D-（5）、D-（8），E 片区的 E-（5）和 F 片区的 F-（4）。

类型 S 与类型 R 几乎完全一样，由上房、南屋以及2栋厢房组成的

---

[1] D-（4）、D-（5）、D-（8）院的南屋已毁坏，建筑遗迹清晰可辨，部分墙体尚存，类型分析是按复原后的空间形式进行的分类。

四面围合空间，又通过围墙围合成独立封闭的院落，出入口设置在右厢房靠近南屋的一间。另外，上房是三开间的建筑，南屋比上房还多出两间，外观上看南屋的左山墙与上房的左山墙平齐，而南屋的右山墙超出上房右山墙两间程度的距离，且多出的两间并没有被围合在院落内部，而是门窗直接面向院落的外部。类型S全村有1处，是D-(9)。

  类型T由上房和2栋厢房及南屋构成[1]，南屋比上房多出两间，但通过围墙将建筑全部围合在封闭的院落内部，出入口是设置在南屋的中间一间，进入院内不会直接看到上房。2栋厢房靠近南屋一端的山墙之间又砌筑了隔墙，将院落空间划分成前后两个独立的空间，形成二进院，隔墙上开一门连通两个院子，类似于北京四合院中的垂花门。该院也是全村独有的二进院，仅有1处，是F-(7)。

  类型U只有正面1栋建筑[2]和右侧的1栋厢房，厢房的位置超出正面建筑的右侧山墙，再通过围墙或利用其他建筑形成独立的空间。这与赵沟村常见的合院布局有所不同。类型U全村有2处，分别是E-(15)、F-(5)。

  类型V主要由上房和2栋厢房组成，上房的左侧又加建1栋小耳房。耳房前与左厢房后形成一个狭小独立空间。另外右厢房也超出上房的山墙范围，空间布局与传统合院以及赵沟村常见的院落形态截然不同。类型V全村也仅有1处，是F-(3)。

  类型W由上房、右厢房和南屋组成，大门设置在南屋的右侧。该院与其他四合院相邻，依托左侧院落的建筑形成封闭独立的围合院落。

---

[1] F-(7)院南屋已毁坏，建筑遗迹清晰可辨，部分墙体尚存，类型分析是按复原后的空间形式进行的分类。

[2] F-(5)院的正面建筑不是宅院的上房。

类型W全村有1处,是F-(8)。

类型X由右厢房和正面的上房2栋房屋及左侧依地形而建的窑洞建筑构成三面围合的院落,右厢房一端的山墙和窑洞之间又修有院墙将院落封闭。类型X全村有1处,是C-(6)。该院的窑洞也是赵沟村仅有的一处窑洞建筑。

总体上可以看出,赵沟村的民居中主要是以只有一个单元空间的一进院为主,全村仅有两例前后有两个独立单元空间,其中仅有一处以"四合院"为基础通过建二门形成的二进院,北京四合院以及豫西地区其他民居中有类似的空间结构。

四面围合的四合院数量并不太多,但四合院确实是村民心目中最为规整、"档次最高"的住宅形态,也是村里现存的宅院中建造时间最早的一批宅院。数量最多的是类型L由上房及两厢房三面围合的三合院,有27座,占到总数的1/3(表3-1)。其中也有一部分建造比较早的宅院,有的因为某些原因而没有建造南屋,也有的因为空间条件不允许,已经没有建造南屋的空间,最终没能建成四面围合的四合院。还有一部分只有上房及一侧厢房,或是只有两厢房的二合院。

另外,村内的院落大都是先建了房屋之后,再用墙围合形成封闭院落。极少数是没再修建围墙围合成封闭院落的完全开敞的形态。

表3-1 院落类型数量统计

类型	A	B	C	D	E	F	G	H	I	J	K	L
数量(座)	2	2	3	1	2	1	1	2	12	9	1	27

类型	M	N	O	P	Q	R	S	T	U	V	W	X
数量(座)	2	1	1	1	1	5	1	1	2	1	1	1

三、民居建筑案例

为了梳理赵沟村的民居建筑特色,我们对其进行了详细的建筑测绘,并结合居民采访,对赵沟村的建筑现状、各支系的居住情况、各自家庭的发展变化、各自家庭的居住使用对建筑的影响以及各自家庭与村落发展的关系进行了分析。

(一)F-(7)院

1. 院落的空间构成

按照建筑平面构成分类,F-(7)院属于类型T。从平面形态上看,是由背北面南的上房、东厢房、西厢房和原有的南屋构成的四合院,算是坐北朝南的院落。但南屋已毁坏,目前仅残留部分墙体,建筑台基仍清晰可辨,原有入口位置的台阶也基本保持原样。

在东西厢房靠近南屋一面的山墙之间又砌筑了隔墙,将院落空间划分成前后两个独立的空间,形成二进院,隔墙上开出一门连通两个院子,类似于北京四合院中的垂花门。该院也是全村独有的二进院(图3-3至图3-5)。

整体上看,该院院宽与三开间的上房通面宽大致相等,但原有的南屋是五开间的房屋,南屋的西山墙与上房的西山墙平齐,而东山墙超出上房两间左右的程度。院落原有的入口虽然位于五开间南屋的正中间一间,但偏离院落的中轴线。因此,站在院外只能看到东厢房的山墙,不会看到院子内及上房的情况。

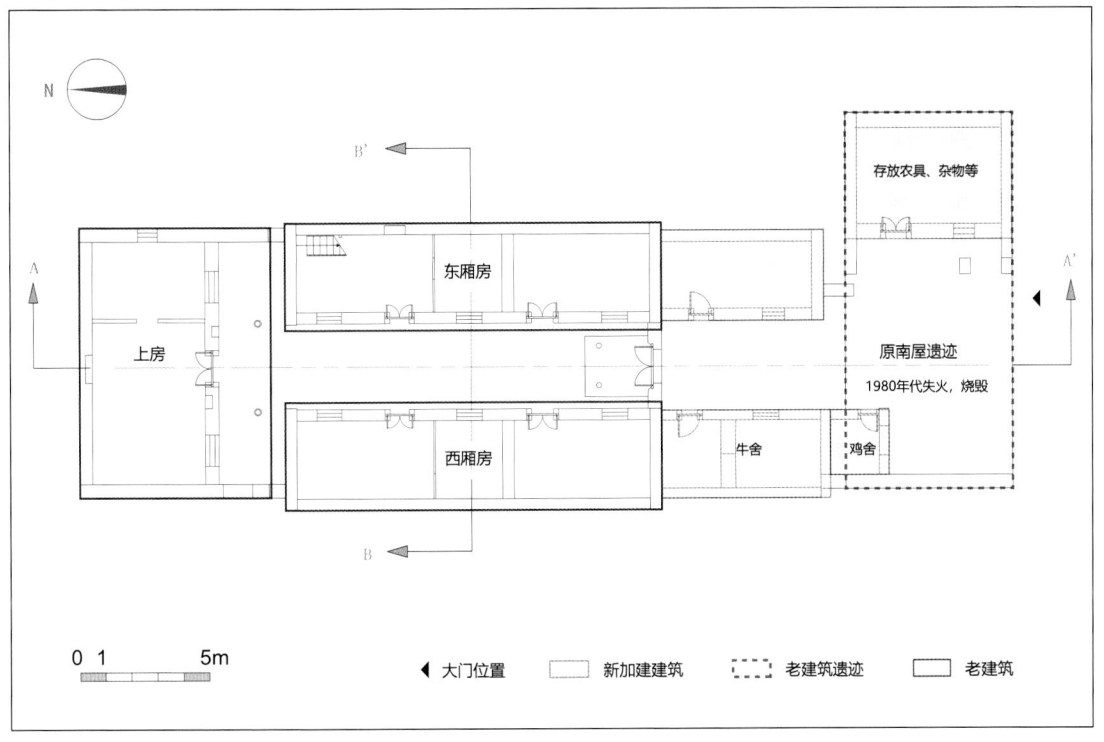

图 3-3 F-（7）院平面图

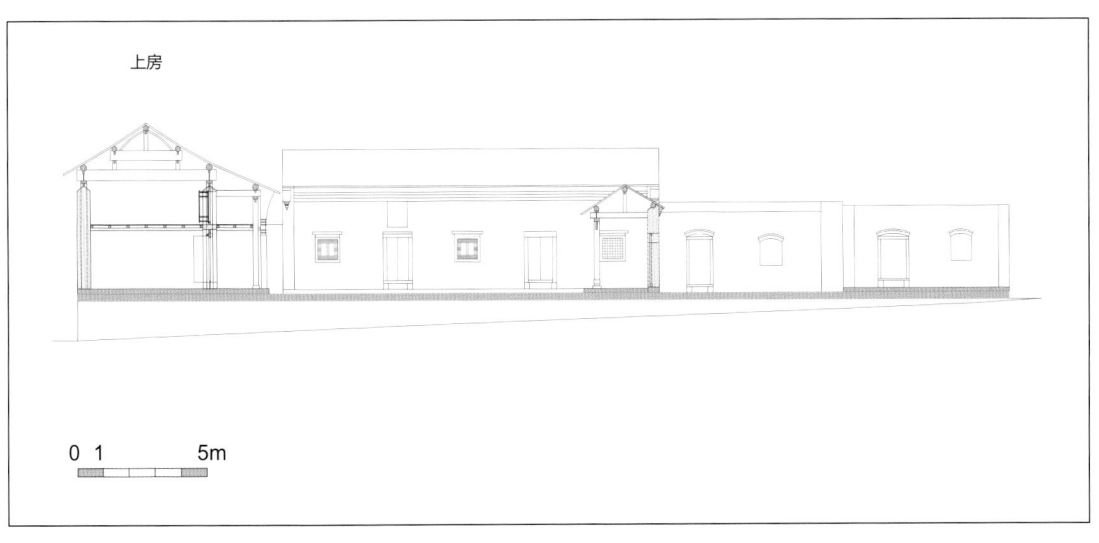

图 3-4 F-（7）院 A-A' 剖面图

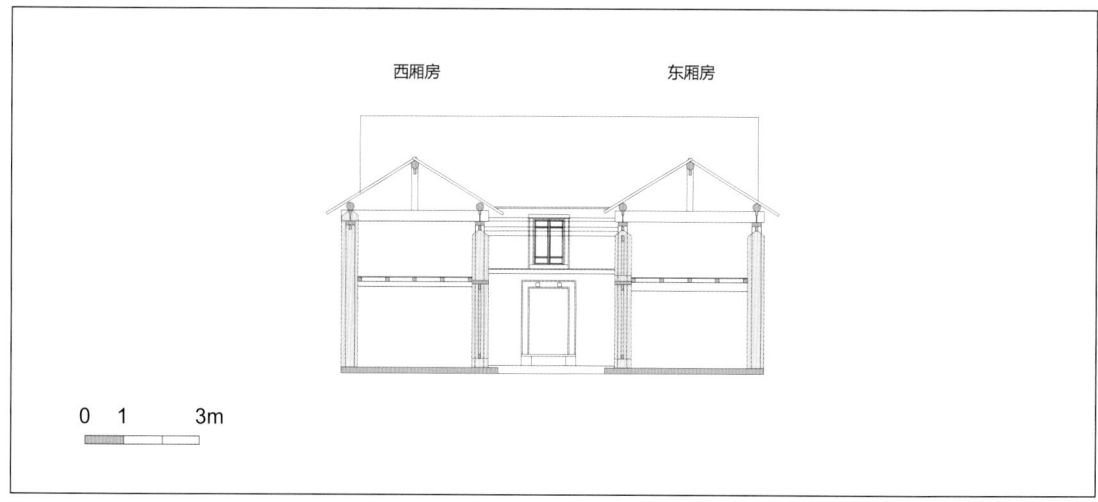

图 3-5　F-（7）院 B-B'剖面图

　　南屋坍塌之后，房屋的主人又在原有建筑台基的东边大约两间位置上，利用部分残留的墙体新建了一栋水泥预制板的平屋顶房屋，开有一门一窗，主要用来放置农具，临时储存收获的农产品或是山上采集回来的山货等。

　　南屋与二门之间有7.2米的距离，原来没有建筑。关闭二门，二门与南屋之间形成独立封闭的院子。由于南屋损坏年代久远，居民们不大记得南屋原有的功能。在北京四合院以及豫西地区其他民居中有类似的空间结构，往往是将二门外作为涉外或者相对开放的空间，而二门以内是要得到主人的许可才可进入的空间。

　　现在，二门与原来南屋之间的空地上东西两边又各修建了一栋建筑，西边为两间程度的抬梁式木结构瓦屋顶建筑，开了两个门洞，曾经是居民饲养耕牛和存放牛饲料的牛舍。在它的南边，占据原来南屋台基的一部分又修建了一个石墙瓦顶的小棚屋，现在是居民养鸡的鸡舍（图3-6）。东边也是新建了一栋水泥预制板的平屋顶房屋，开有一门一窗，和原南屋东边台基上新建的两间房一样主要是用来放置农具、临时储存收获的农产品或是山上采集回来的山货等，屋顶经常被用来晾晒收获的粮食和山上采来的中草药（图3-7）。

二门内有宽2.4米、进深2.4米的台基，台基北端有两根木质立柱，与隔墙一起支撑起双坡抬梁结构的顶棚，形成独立的门楼。两立柱之间原有两扇木质屏门，屏门早已被拆除，目前屏门的结构痕迹仍清晰可辨。北京四合院以及豫西地区有类似这样的屏门，日常生活中用以遮蔽看向第二进院内的视线（图3-8、图3-9）。

进入第二进院子，正面的上房是三开间的硬山式抬梁结构的双坡屋顶建筑。六檩抬梁式构架，是在五架梁（详见第四章）的基础上增加了一排外檐柱，柱头上放置抱头梁，抱头梁下方设有穿插枋。梁端上部放置檩条支撑屋面形成檐廊，带檐廊的一面坡长，不带檐廊的一面坡短。

三间的正中一间开门，设置双开平板门，两侧两间开窗。屋门与东

图 3-6　牛舍和鸡舍

图 3-7　平屋顶房屋

图 3-8　从二门外看院内　　　图 3-9　进入二门看院内

侧窗户之间的墙壁上开设一壁龛，用来供奉土地爷。

室内设有木质棚板，将建筑内部分隔成上下两层，二层的三间内部连通，在正中一间设置有可开启的亮窗，两侧两间设置木格窗。原来室内设置有木梯子可上二层，现在梯子已经不知去向，只能通过建筑外面的亮窗进出。从二层室内的层高（实测梁底至二层地面1.65米，脊檩下最高点至二层地面3.52米）和环境上看，二层具备可居住的条件，但一直以来只是作为储存物品的空间使用。另外，上房前檐廊的檐柱与金柱之间的穿插枋上，担上木梁铺上荆笆，用来晾晒粮食（图3-10、图3-11）。

室内的一层中间一间与东边一间设有隔墙，将东边一间分隔成独立的空间作为卧室，隔墙中间开门洞供进出卧室使用。门的外侧墙壁上原先悬挂着家族祖先的挂轴，前面放一小方桌，用以供奉祖先。中间一间与西边一间两间连通，形成一较大的开敞空间，正面墙的正中开有一较大壁龛，用来供奉关公，前面原先摆放一条几，条几前摆放八仙桌，八

图3-10 二层室内看荆笆上晾晒的粮食

图3-11 远看荆笆上晾晒的粮食

仙桌两侧摆放圈椅，可惜这些家具已经流失。西侧一间的北端是原先搭靠上下二层用木梯的位置，如今木梯已不知去向，但通向二层的孔洞还可以看见，孔洞上面还设有可闭合的盖板。在以前，通过木梯上到二层后盖上盖板，下面的人就再难以进入二层。据说是以前在面临危险时的避难措施。

上房前（南）面的东西厢房都是五开间的建筑，也是硬山式抬梁结构的双坡屋顶建筑，三檩抬梁式构架，没有前檐廊，屋面外观两坡一样长。

东厢房靠近二门的两间与另外的三间由实体墙分隔成两部分。靠近二门的两间内部连为一体，开有一门一窗，目前作厨房使用。另外三间中间一间开门，两边两间各开一窗，室内部分用木质棚板将建筑内部又分隔成上下两层。一层中间的一间与南边的一间设置有木质的隔墙，隔墙内为卧室。中间一间与北边一间两间连通，中间一间正面的墙壁正中也新开有一壁龛，用来供奉基督，前面也放置一张方桌。北边一间放着柜子、缝纫机、闲置的桌子等。北侧靠近后背墙的位置有一木楼梯可上二层。二层主要也是放置闲置物品，正中一间开有亮窗，光线好的时候房主的母亲也会在此做一些针线活。

西厢房靠近二门的两间与另外三间之间由实体墙分隔。靠近二门的两间室内连通为一体，外墙上各开一门一窗，目前主要用于储存粮食及放置农具、生活用具等。另外三间中间一间开门，两边两间开窗，室内的中间一间与南边一间之间设置有木质隔墙，将南边一间封闭成更加私密的空间，作为卧室使用。中间一间与北边的一间两间连通。

2. 建筑的复原及使用变迁

该院是赵沟村建造年代较早的一座宅院。由于南屋已经倒塌，南屋西边三间的台基已成为空地，以前的二门就相当于现在院落的大门了。门口挂有展示该院历史的牌子，上面写着："05号院——赵元午旧居——此房复建于宣统元年，系二进四合院，砖雕、木雕、石雕各有特色，新中国成立后一段时间为村部办公场所。赵元午曾任国民党旅长。"

赵沟村的传统民居中可以确切考证建造年代的已不多见。但该院上房记载"大清宣统元年……上梁……"，也就是1909年上梁建造的建筑，距今已有110多年历史。该院除毁坏的南屋以外，其他部分保存相对较好。

查阅《赵家族谱》可知，长门从第三世赵信到第五世记载不详，自第五世赵喜仁开始有记载，至第九世赵国贤有三个儿子，为第十世的太仁、太喜、太强。自此，各支系又以居住地加以示意，赵太仁支系在长门的"下场"，赵太喜支系在长门的"后院"，赵太强支系在长门的"上院"。

F-（7）院是位于"上院"中的一个院落，赵元午是长门赵太强这一支系的后人。赵元午是第十六世，其父第十五世的赵功翰共有五个儿子赵成钧（CHJ）、赵成渠（CHQ）、赵成汴（CHB）、赵成澶（CHCH）、赵成浩（CHH，即赵元午）（图3-12）。

据现在在住的居民（1947年生，十七世）及其他村民讲述，十五世的赵功翰在同一时期同时建有几座宅院，该院就是其中之一。当时家族分家时，赵功翰的次子赵成渠（CHQ）和五子赵成浩（CHH）分得此院，其他三子则分到了其他的院落。

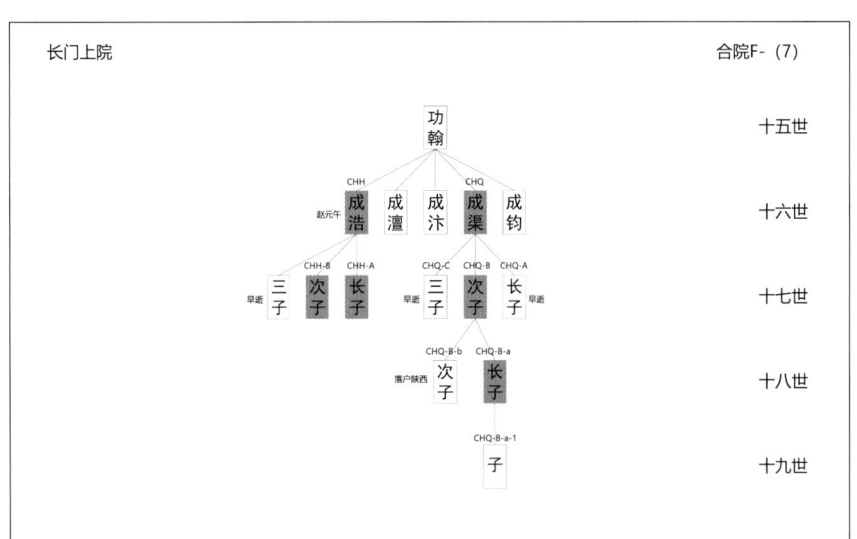

图3-12　F-（7）院人员关系

起初院落与现在的状况不同，该院原先有南屋五间，东西厢房各五间，上房三间，在厢房的南端修建有二门，将院落分隔成内外两个独立空间（图3-13、图3-14）。外院除了南屋没有其他建筑，南屋与二门之间有7.2米的距离，空间较为开敞。南屋与上房形态相似，为抬梁式双坡屋顶硬山建筑，在1980年代失火烧毁，具体功能尚不明了，南屋中间一间是进出院落的出入口和通道。

上房一般是将房间进深长度等长的大梁放置在前后檐柱柱头上，梁端部上置檩条，大梁前后各收进一步架的位置设置两根瓜柱，瓜柱顶端放置稍短的二梁，梁端部上置檩条，最后在最高的梁上设置脊瓜柱，构成三角形的二梁五檩木构架。在五檩的基础上增加檐廊，因此有檐廊的一面会略长于没有出檐廊的一面。一般常见的带檐廊的建筑都是面向院子内部出檐廊。而该院的南屋则不同，面向院外出檐廊，面向院外的一坡长，面向院内的一坡短，在全村也独一无二。而且在面向院内的一面，从檐柱向后退一步，在瓜柱下方砌墙封闭室内空间，在院内也留出了走廊，形成了内外带廊的建筑。由于其形态相对特别，村民对其记忆较深，但对其功能的描述甚少。据说南屋也是用来会客或是留宿亲朋，而面向院外的檐廊则是可以供村民们避雨、闲聊、小聚的空间。

内院的东西厢房分别为长子和次子居住，父母或长辈一般居住在上房，体现出内外分明、长幼有序的空间布局。

据说当地如果两兄弟同居一处宅院时，兄居住上房，弟居住南屋。兄的孩子居住东厢房，弟的孩子居住西厢房。不知道是不是这个原因，后来第十六世在分家时，F-（7）院的上房和东厢房分给了次子赵成渠（CHQ），西厢房和南屋分给了五子赵成浩（CHH，即赵元午）（图3-15）。

赵成渠（CHQ）有三个儿子，其中长子（CHQ-A）与三子（CHQ-C）早逝，次子（CHQ-B）继承其所属的三间上房和五间东厢房。次子

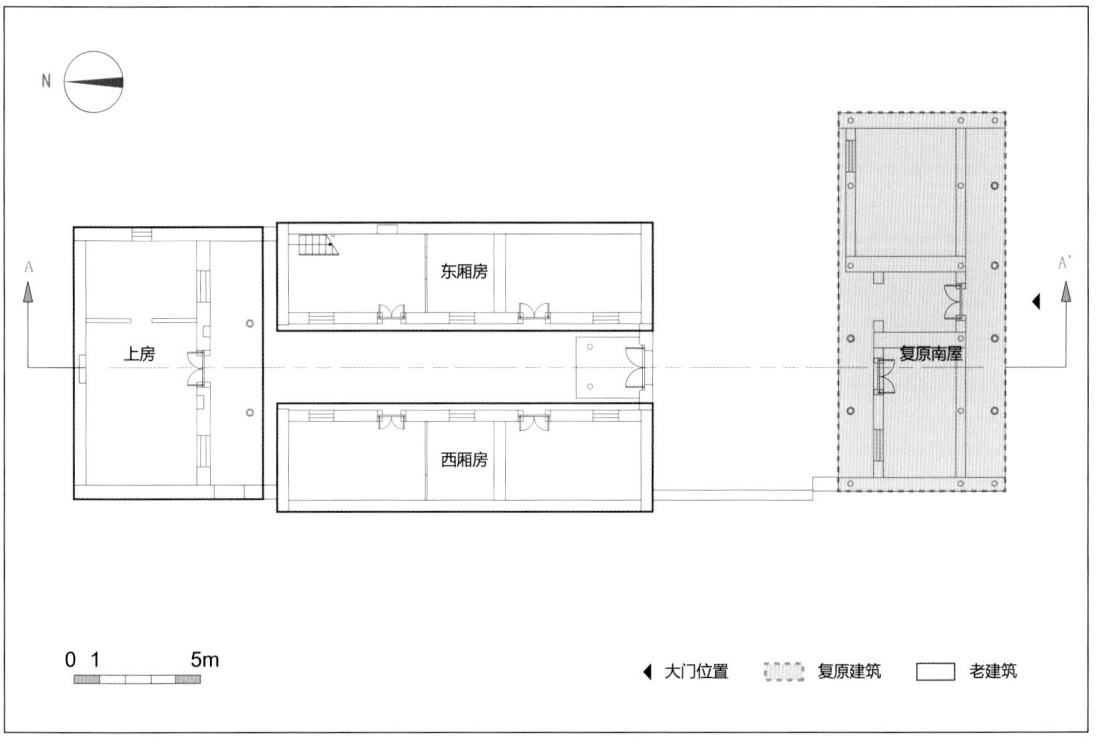

图 3-13　F-（7）院复原平面

图 3-14　F-（7）院复原立面

图 3-15　F-（7）院建筑使用变迁

(CHQ-B) 有两个孩子也就是赵成渠的长孙 (CHQ-B-a) 和次孙 (CHQ-B-b)。赵成渠的次孙迁外省落户，长孙也已去世二十多年。现在的居民是赵成渠长孙 (CHQ-B-a) 的遗孀及曾孙 (CHQ-B-a-1) 一家四口（夫妇及子女）。

赵成浩（CHH）有三个儿子，其中三子早逝，后来在分家时长子（CHH-A）分到西厢房靠近二门的两间和五间南屋中东边的两间。次子（CHH-B）分到西厢房靠近上房的三间和南屋靠西边含过道的三间。后来次子一家也到外省落户。

由于赵成浩长子（CHH-A）无后，赵成渠的长孙（CHQ-B-a）过继给CHH-A做了继子。最后CHQ-B-a继承了CHH-A所有的西厢房靠近二门的两间和南屋东边的两间。

另外，该院曾在1947年后由村委会使用过30多年，其间上房做过村委会的办公室，东厢房和西厢房还分别做过村里的药铺和小卖铺。赵成渠的长孙CHQ-B-a一家大约在1980年搬回来居住。目前该院只剩下这家三代五口人在住。

南屋在1980年代的大火中烧毁，仅留下台基及部分墙体。赵成渠的长孙一家在南屋东边两间的位置建了面朝西的两间房屋，在院子靠近二门外紧贴厢房的位置，东西各建了一栋两开间的房屋。又紧贴西边房屋的南山墙处修了鸡舍，最终形成了现在的空间格局。

（二）D-（9）院

1. 院落的空间构成

按照建筑平面构成分类，D-（9）院是属于类型S，全村也是只有1处。D-（9）院是由背北朝南的上房、东西厢房以及南屋组成，又通过围墙围合成独立封闭的四合院落，出入口设置在东厢房靠近南屋的一间，也算是坐北朝南的院落（图3-16、图3-17）。

上房是三开间的建筑，而南屋五开间，因此外观上看南屋西侧山

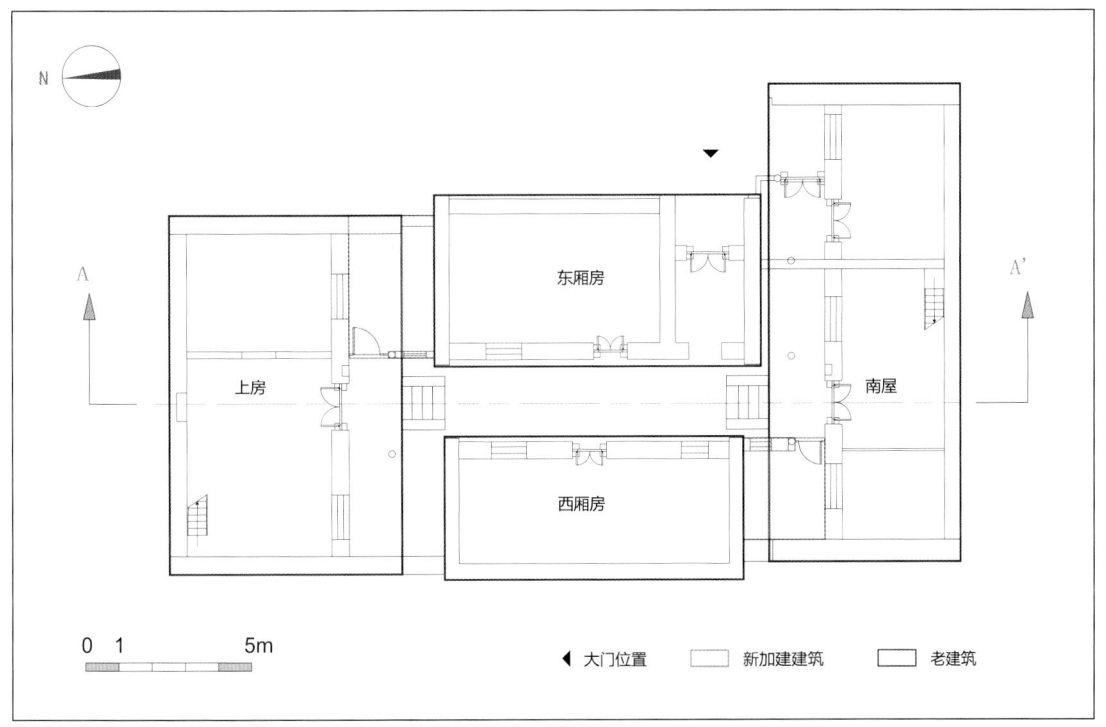

图 3-16 D-(9) 院平面图

图 3-17 D-(9) 院 A-A' 剖面图

墙与上房西侧山墙平齐，而南屋东侧山墙超出上房东侧山墙两间左右的距离。并且南屋多出的两间没有被围合在院落内部，而是门窗直接面向院外。

东西厢房从外观上看并不对称，东厢房由于设置有院落的大门而比西厢房南北略宽。东厢房是三开间的硬山式抬梁结构的双坡屋顶建筑，靠近南屋的一间是作为进出院子的大门和通道使用（图3-18、图3-19），中间一间开门，靠近上房的一间开窗；北边的两室之间有隔墙，北边两

图3-18 位于东厢房南边一间的大门

图 3-19　东厢房

室与作为出入口的一间之间由土坯墙分隔。像这样将大门开在厢房的较为少见，不过赵沟村仍还有其他例子。西厢房是一栋三开间的硬山式抬梁结构的单坡屋顶建筑，中间一间开门，两边两间各开一窗，中间一间与北边靠近上房的一间之间建有隔墙，将北边一间封闭成独立一室，另外两间未分隔，为连通空间（图3-20）。西厢房由于紧挨隔壁院落，因此和隔壁院落的东厢房共用后背墙，并且屋顶共用屋脊，外观看上去像双坡屋顶建筑。

另外，东厢房的后背墙超出了上房东山墙一定的范围，再加上五开间的南屋又超出东厢房后背墙一定的距离，使得整个宅院平面呈现斜三角形。不过这样恰好使宅子与因临近稍微歪斜道路所形成的三角形基地契合。

该院的三间上房是硬山式抬梁结构的双坡屋顶建筑，六檩抬梁式构架，也是在五架梁的基础上增加了一排外檐柱，柱头上放置抱头梁，抱

图 3-20　西厢房

头梁下方设有穿插枋。梁端上部放置檩条支撑屋面形成檐廊，带檐廊的一面坡长，不带檐廊的一面坡短。

上房屋内也是用木质棚板将建筑内部分隔成上下两层，上层三间连通，正中间设置可开启的亮窗，两侧设置木格窗。通过室内设置的木梯子上下，二层也是用来储存物品、粮食或收纳不常用的物品。也在前檐廊的檐柱与金柱之间，抱头梁下的穿插枋上，担上木梁铺上荆笆，经常会打开亮窗在这里晾晒粮食（图3-21）。

上房中间一间开门，两边两间开窗。屋门与东侧窗户之间的墙壁上开设有壁龛，用来供奉土地爷。

上房东边一间的檐廊和东厢房的山墙之间被封闭成室内空间用作厨房。以前冬季会烧炕来御寒，炕的灶口在厨房内，而上房东边的一间是卧室，可以方便地将灶台与炕的灶口相连，这样就可利用做饭的热量使火炕发热，一举两得。

上房中间一间与东边一间用砖砌有隔墙，将东边一间分隔成独立空

图 3-21　从二层的亮窗看院内

间作为卧室，隔墙中间开门洞供进出卧室使用。据主人说，因为地处山区木材相对易得，而砖相对昂贵，所以以前村里一般都是用木质的隔墙来分隔室内空间，原来的隔墙也是木质的，现在的隔墙则是后来砌筑。

中间一间与西边一间连通形成一较大的开敞空间。不过在两间的中间位置放置了组合柜将空间分隔，西边一间现在放置一些粮食和器物，以前在家中人多时也曾临时摆过床铺供人居住。靠近西北角的位置上，靠着可以上二层的木梯。

中间一间正面墙的正中，也开有一较大壁龛，曾经用来供奉关公。前面原先摆放一条几，再前面摆放八仙桌，左右再摆放圈椅。随着家族分家，现在只剩下一张原来的八仙桌。起到分隔空间作用的组合柜及电视柜、茶几、沙发等都是近二三十年新制的家具（图3-22）。

五开间的南屋与上房的朝向相反，也是硬山式抬梁结构的双坡屋顶建筑，六檩抬梁式构架，与上房一样也是在五架梁的基础上增加了一排外檐柱，柱头上放置抱头梁，抱头梁下方设有穿插枋。梁端上部放置檩

图 3-22 上房的中间一间

条支撑屋面形成檐廊,面向院内带前檐廊,带檐廊的一面坡长,不带檐廊的一面坡短。目前,南屋有三间围合在院内,两间面向院外。院内的三间与上房的平面空间构成及建筑的结构形式极其相似,都是用木质棚板将建筑内部分隔成上下两层,通过室内设置的木梯子上下。前檐廊的檐柱与金柱之间的穿插枋上,也担着木梁铺着荆笆。上层三间连通,正中一间设置可开启的亮窗。打开亮窗除采光通风外,也可将粮食通过这里摆到荆笆上晾晒。一层中间一间开门两边开窗,屋门与东边窗户之间也还有一个供奉土地爷的壁龛,较为奇特。三间的室内部分中间一间与东侧一间连通为一室,与西侧一间由木质隔墙分隔。同样利用檐廊及与西厢房山墙之间的空间建成厨房,为院内另一户居民家使用。

2. 建筑的使用变迁

D-（9）院也是位于"上院"中的一个院落，也是长门第十世赵太强这一支系的后人居住。门口悬挂的说明牌显示为赵成渠旧居，但该院的南屋有记载为赵成澶于中华民国二十二年（1933年）建造。该院整体保存较为完好，通过在住居民以及熟悉村落历史的老人回忆，还可还原一部分院落的历史信息。

据村民讲述，该院是十五世赵功翰所建的与F-（7）院同一时期的另一座宅院。最早赵功翰家族是在这里起家，家族发展起来以后开始在外面新建房子，分家时长子赵成钧分到北边的D-（5）院，次子和五子赵成浩（赵元午）分到了F-（7）院，三子赵成汴（CHB）、四子赵成澶（CHCH）分得D-（9）院。赵成汴分得上房和东厢房，赵成澶分得西厢房和南屋（图3-23、图3-24）。该院虽然保存较为完好，但在后来的使用过程中由于种种原因也不断地发生变化。

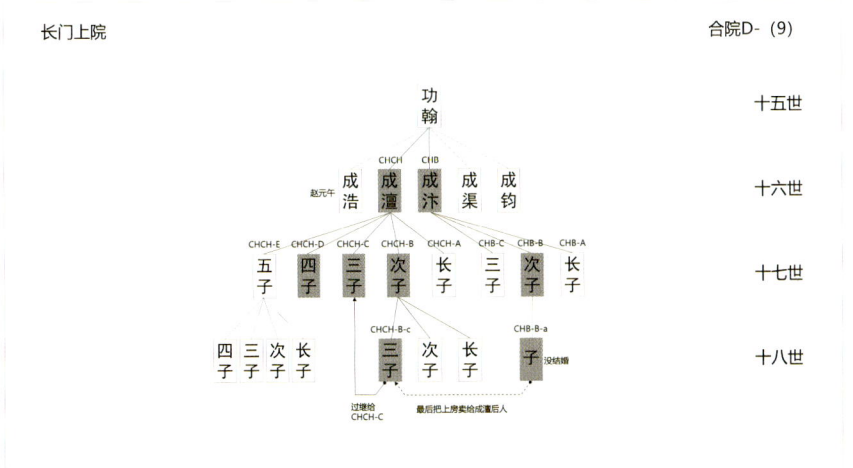

图 3-23　D-（9）院人员关系

图 3-24 D-（9）院建筑使用变迁

以农为业的各家各户都要供奉土地爷祈求好的收成，分家之后自然也要各自供奉土地爷。上房的屋门与东侧窗户之间的墙壁上开有壁龛，用来供奉土地爷。而南屋屋门与东侧窗户之间的墙壁上也同样开设壁龛，用来供奉土地爷。

赵成汴有三个孩子，长子（CHB-A）和三子（CHB-C）都搬出了该院，房子留给了次子（CHB-B），次子后来又把房子传给了唯一的儿子也就是赵成汴的孙子（CHB-B-a）。

　　赵成澶（CHCH）有五个儿子，后来也进行了分家。长子（CHCH-A）没有分到该院，其余的四个儿子分得了 D-（9）院赵成澶所有的房子。其中次子（CHCH-B）分到了南屋中间的两间，三子（CHCH-C）分到了南屋东边的两间，四子（CHCH-D）分到了西厢房的三间，五子（CHCH-E）只分到了南屋最西边的一间。

　　分家之后，五子（CHCH-E）沿用了原有的厨房，并将南屋西边一间室内的出入口封闭，将原有的窗户改造成门，变成进出室内的出入口，这样厨房就兼作出入室内的通道了。分到南屋中间两间的次子（CHCH-B），在东边一间也就是开窗的那间窗外的檐廊部分砌筑了灶台，搭建了小厨房。分到南屋东边两间的三子（CHCH-C），利用两间中西边一间的前檐廊部分至东厢房山墙的空间建了自家的小厨房。分到西厢房三间的四子（CHCH-D），在南边一间的窗户前，占据院子的空间修建了自家的小厨房。

　　至此，院子里最多时同时居住了5个独立生活的小家庭，也同时存在5个各自家庭的厨房（图3-24中）。

　　后来，5个家庭也持续发生了或多或少的变化。赵成澶的三子（CHCH-C）膝下无子。赵成澶的次子（CHCH-B）有三子，将三子（CHCH-B-c）过继给自己的三弟（CHCH-C），后来 CHCH-B-c 继承了两家所有的房子，即南屋东边四间。

　　上房和东厢房的主人，也就是赵成汴的孙子（CHB-B-a），因家里人口没有发展，将三间上房卖给了赵成澶次子的三子（CHCH-B-c）。目前，东厢房房子空着，CHB-B-a 住进了敬老院。至此，赵成澶次子的三子（CHCH-B-c）成为院里房子最多的人，拥有上房和南屋东边的四间。这时也将自家的厨房迁到了上房东侧檐廊处。

赵成澶的五子（CHCH-E）家有六个孩子，最多时一家八口人住在南屋最西边的一间，十分拥挤。后来在院落的东侧相隔一个院落的位置又新建了宅院迁出，将自家拥有的南屋西边的一间卖给了赵成澶的四子（CHCH-D）。后来赵成澶的四子也因到外地工作离开了老宅。现在宅院里只住着赵成澶次子的三子（CHCH-B-c）一家。

（三）D-（5）院

1. 院落的空间构成

D-（5）院与D-（9）院隔一条巷道相望。D-（5）院按照建筑平面构成分类属于类型R，是由上房、东西厢房、南屋组成，又通过围墙围合成独立封闭的院落。该院上房背北面南，也是坐北朝南的院落。从院落的平面形态上看该院具有四合院的特征，但仍有一些与众不同的细节（图3-25、图3-26）。目前南屋已仅存遗迹，但其建筑基础仍清晰可辨认。残留的墙壁以及部分包裹在墙壁里的柱子也对辨识该房屋的形制与结构起到了重要的作用。

院落的大门和进出院内的通道位于东厢房靠近南屋的一间，进入院内首先看到的是西厢房的一扇窗户，这一点与D-（9）院相似，但与常见四合院大门的位置不同。院内用石材铺地，正面的上房是三开间的悬山式抬梁结构双坡屋顶建筑，面向院内带有前檐廊。六檩抬梁式构架，也是在五架梁的基础上增加了一排外檐柱，柱头上放置抱头梁，抱头梁下方设有穿插枋。梁端上部放置檩条支撑屋面形成檐廊，带檐廊的一面坡长，不带檐廊的一面坡短。室内同样用木质棚板将内部空间分隔成上下两部分。二层三间连通，正中一间有可开启的木格亮窗，通过设置在

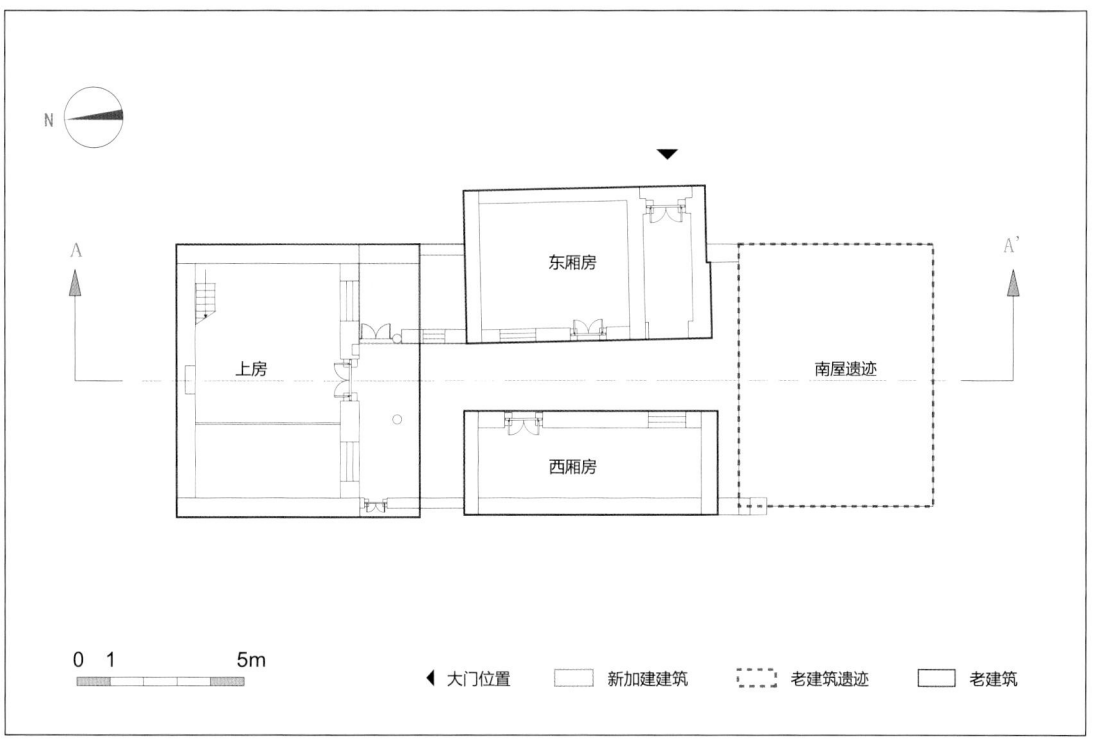

图 3-25　D-（5）院平面图

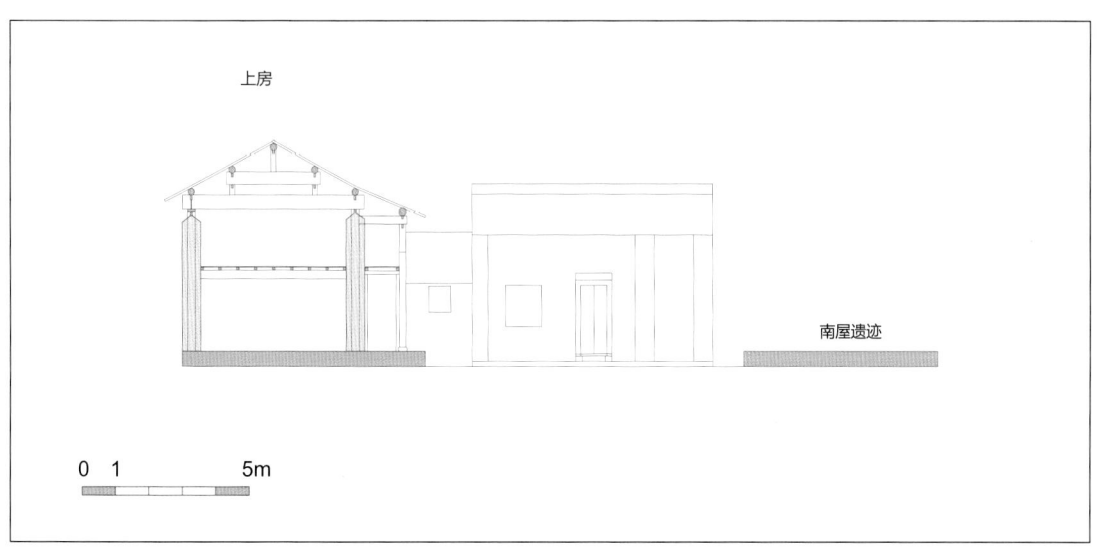

图 3-26　D-（5）院 A-A' 剖面图

建筑一层东北角的木梯子上下，只作储存物品、粮食，搁置杂物之用。该院已长久无人居住，曾经也是在正房的屋檐下，檐柱与金柱之间的穿插枋上，担上木梁铺上荆笆晾晒粮食（图3-27）。上房与西边院落 D-（4）院的上房共用了山墙，山墙在檐廊位置还开有一门，曾经两个院落可以连通，后来两个院落分属不同的居民所有、使用之后就把此门封堵了（图3-28）。上房现在基本保留了居民搬出时的原状。

上房正中一间开门，两边两间开窗。屋门与东侧窗户之间的墙壁上同样开设壁龛，用来供奉土地爷。上房东边一间的檐廊和东厢房的山墙之间被封闭成室内空间用来作为厨房。中间一间与西边一间设有木质隔墙，将西边一间分隔成独立空间作为卧室，隔墙中间开门洞供进出卧室（图3-29、图3-30）。

东、西厢房从外观形态到内部结构都不尽相同（图3-31）。

图 3-27　上房的正中一间　　　　图 3-28　曾经与 D-（4）院连通的门

图 3-29　上房内部　　　　　　　图 3-30　木质隔墙

图 3-31　从上房看东厢房与西厢房

东厢房是三开间的建筑，院落的大门和进出院内的通道位于东厢房靠近南屋的一间，很明显作为大门和通道的一间小，另外两间大一些。除去作为通道的一间，另外两间靠近上房的一间开窗，靠近通道的一间开门（图3-32、图3-33）。建筑的屋顶形式也不同，是三檩的悬山式抬梁结构双坡屋顶建筑。另外，东厢房的后背墙超出了上房东山墙一定的范围。

西厢房从外观上看是一栋两开间的硬山式抬梁结构的单坡屋顶建筑。其中靠近上房的一间开门，靠近南屋的一间目前是窗，但有将门改造成窗的痕迹（图3-34）。由于紧挨D-（4）院，因此和D-（4）院的东厢房共用后背墙，屋顶共用屋脊，外观看上去像硬山式抬梁结构的双坡屋顶建筑。

该院的南屋已经损坏，调查时仅存台基及部分墙体（图3-35）。

图3-32 从上房看东厢房

图 3-33　从院外看东厢房　　图 3-34　从大门看院内的西厢房

图 3-35　南屋的遗迹

2. 建筑的复原及使用变迁

D-（5）院也是位于"上院"中的一个院落，住的也是第十世长门赵太强这一支系的后人。院落南屋遗迹处残留建筑的墙上悬挂的说明牌显示为赵清棠旧居。赵清棠是十五世赵功翰的长子赵成钧两个孩子中的老大。据说该院也是十五世赵功翰在同一时期所建的一座宅院。在赵功翰的五子分家时，长子赵成钧便是分到了此院，后来由其子赵清棠（CHJ-A）继承（图3-36）。

该院的居民已经全部外迁，由于相关信息严重缺失，该院的建造年代判断相对困难。从村民的讲述以及对上房、D-（9）院的比较，可以推测，原先的南屋开间三间，与上房屋顶形态相似，为六檩抬梁式双坡屋顶的建筑，在五檩的基础上面向院子内部出前檐，面向院内的一坡长，面向院外一坡短（图3-37、图3-38）。建筑的室内也是用木质楼板分隔成上下两层，内部设有楼梯上下。一层三间中间的一间开门，两边两间开窗。由于建筑遗迹被土覆盖较多，上面长满杂草灌木，无法辨识倒塌前室内的情况。

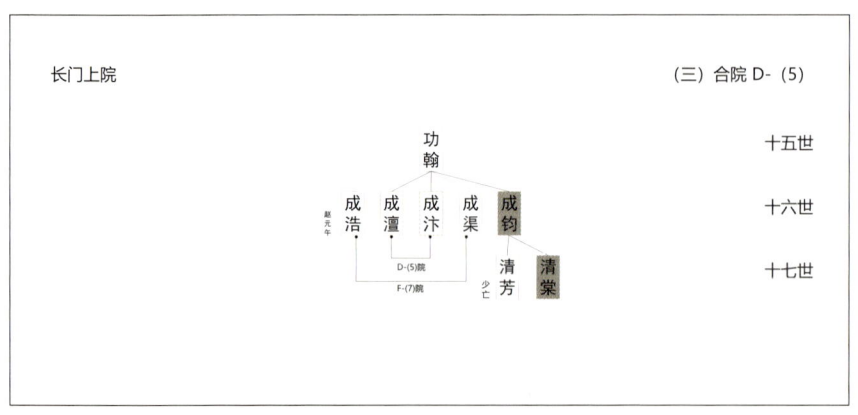

图3-36　D-（5）院人员关系

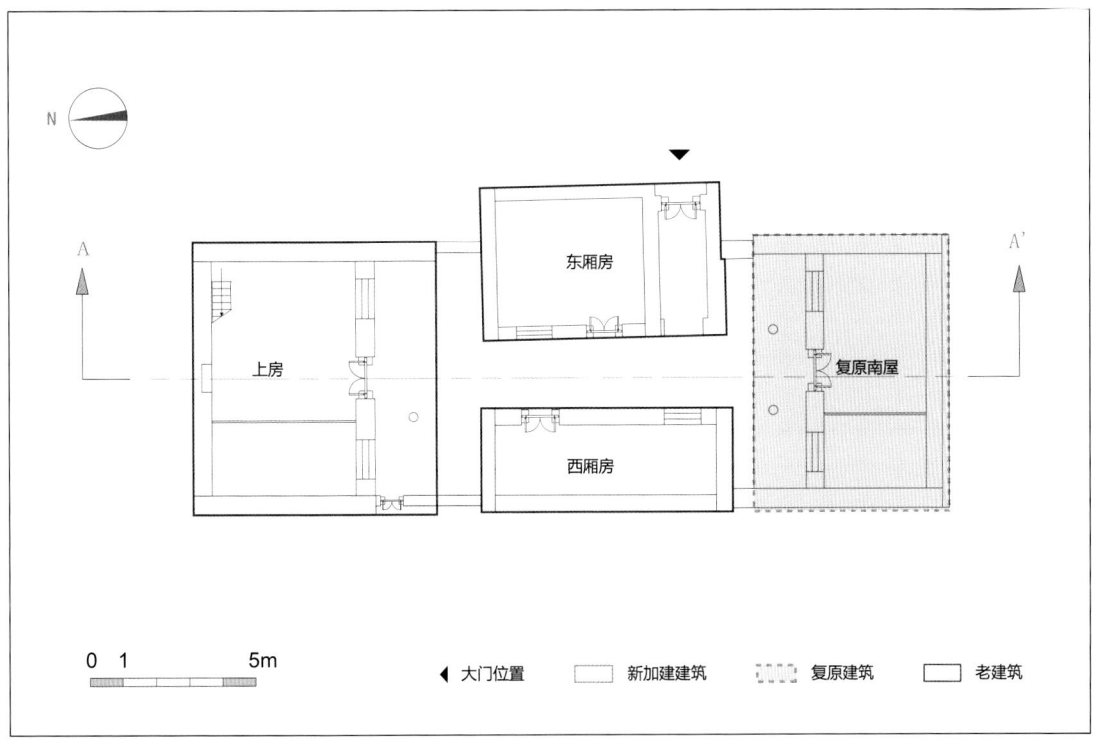

图 3-37　D-（5）院复原平面图

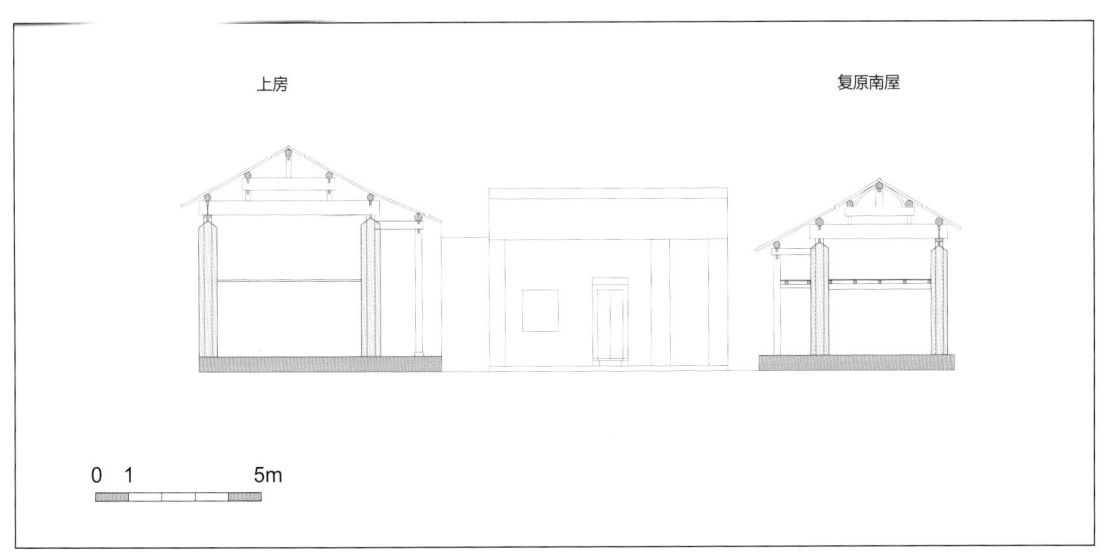

图 3-38　D-（5）院复原 A-A' 剖面图

然而，后来在此居住的居民并不是赵清棠的后人。据说1940年代末期，该院被收归公有，后来又分配给村里无房、少房村民居住，直至现在。当时该院一共分给两家使用，其中上房和西厢房分配给村内的一陈姓居民，南屋和东厢房也是分配给另外的一户陈姓居民（图3-39）。

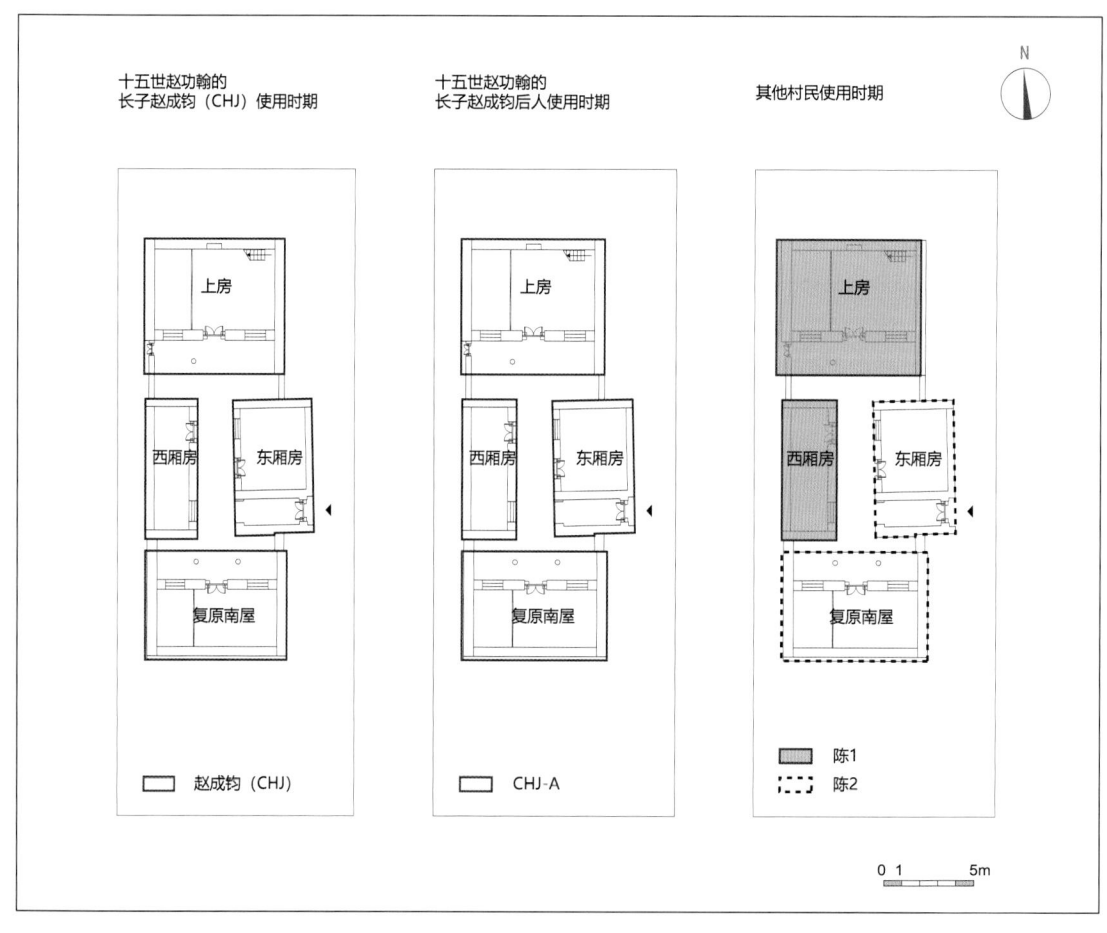

图3-39 D-（5）院建筑使用变迁

（四）D-（4）院

1. 院落的空间构成

D-（4）院位于D-(5)院的西侧。按照建筑平面构成分类同样属于类型R，由上房、东西厢房以及南屋组成，又通过围墙围合成独立封闭的院落。目前南屋也是仅存遗迹，和D-(5)院的情况非常相似，建筑基础、残留的墙壁、部分包裹在墙壁里的柱子以及院落出入口的位置等都可辨识。进出院落的大门及通道设置在原有南屋靠东边的一间。从院落的平面形态上看该院算是比较标准的四合院，也是坐北朝南的宅院（图3-40、图3-41）。院内地面用石材铺装。

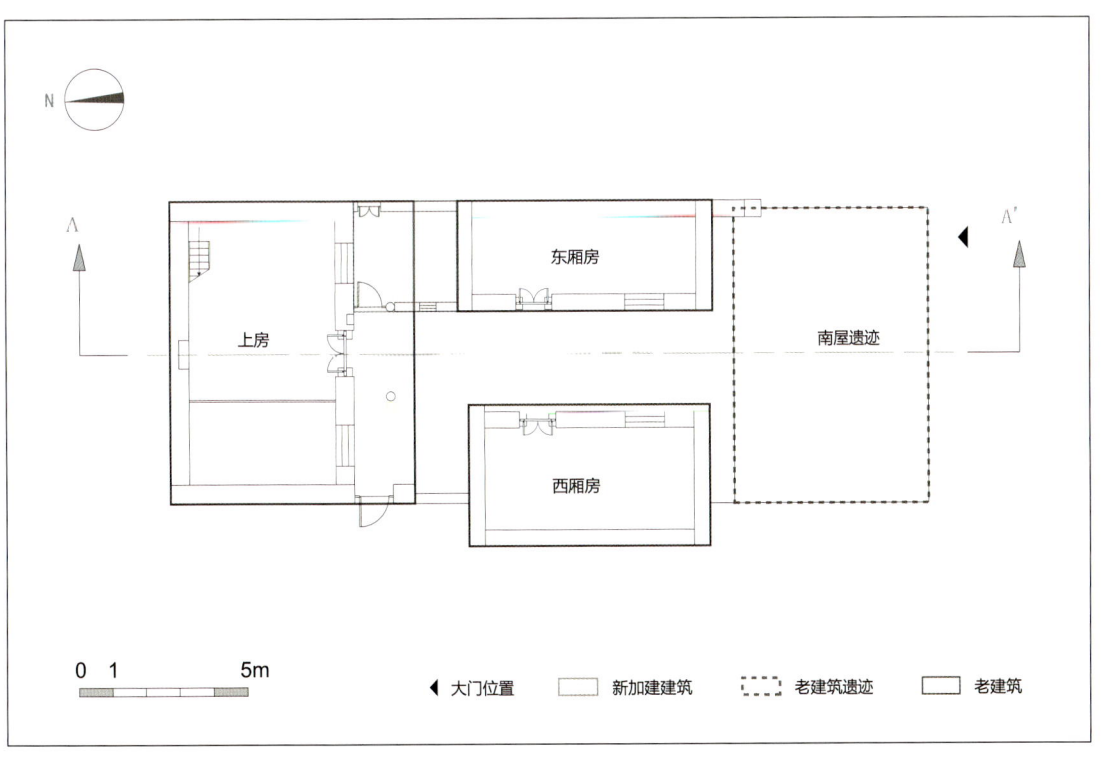

图 3-40　D-（4）院现状平面图

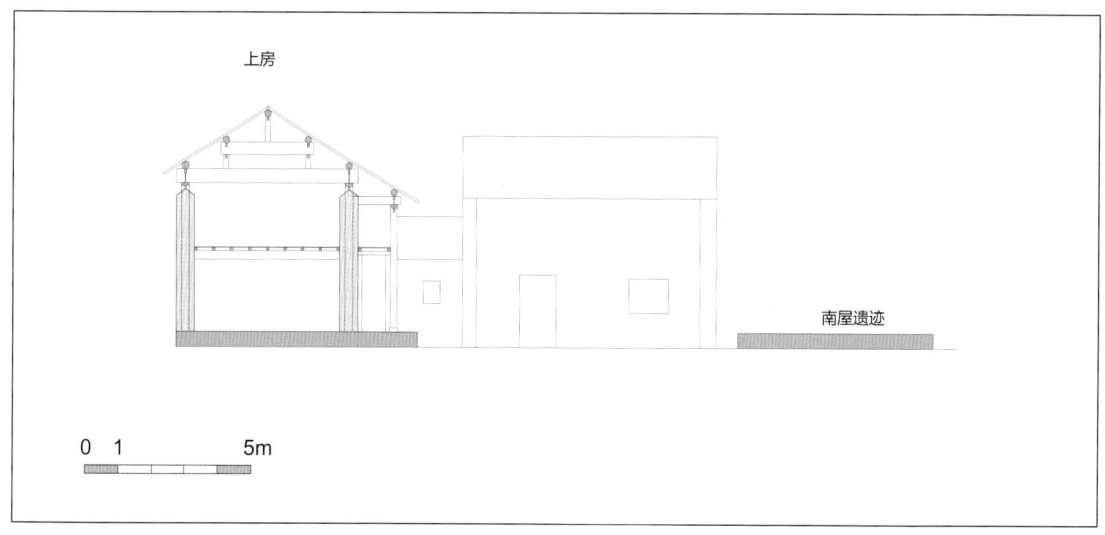

图 3-41　D-（4）院现状 A-A'剖面图

上房是抬梁结构的双坡屋顶建筑，屋顶的东侧与 D-（5）院的屋顶西侧相连，西侧的屋顶悬挑出西山墙。同样是六檩抬梁式构架，面向院内带有前檐廊，也是在五架梁的基础上增加了一排外檐柱，柱头上放置抱头梁，抱头梁下方设有穿插枋。梁端上部放置檩条支撑屋面形成檐廊，带檐廊的一面坡长，不带檐廊的一面坡短，外观与隔壁 D-（5）院的上房几乎完全一样。三间的正中一间开门，设置双开平板门，两侧两间开窗。只是屋门与东侧窗户之间的墙壁上没有看到村里常见的用来供奉土地爷的壁龛，略感不同。上房东边一间的檐廊和东厢房的山墙之间也是被封闭成室内空间，曾经用来作为厨房。在 D-(5) 院上房檐廊西侧尽头山墙上看到的门洞的门扇是向该院开启，但被封闭进厨房里。该院檐廊西头的山墙上也开有一门，目前因为外部的土方坍塌，门洞一部分已经被掩埋，门外的情况尚不明了。

上房同样也是中间一间与西边一间设有木质隔墙，将西边一间分隔成独立空间作为卧室,隔墙中间开门洞供进出卧室(图3-42)。中间一间与东边一间未作分隔,中间一间的正面也设有供奉关公的壁龛,在其前方现存一对圈椅。东边一间的东南靠近窗户的位置还留着一个火炕,虽然火炕的位置与D-(9)院上房内火炕所在的位置相同,但不在卧室内,而且烧炕的灶口在室内,并不像D-(9)院的火炕那样"科学",再结合外部檐廊、厨房的情况可推测,火炕应是后来加建的(图3-43)。

同样用木质棚板将内部空间分隔成上下两部分。上层三间连通,正中间一间的位置有可开启的亮窗,西侧的山墙面还开有两扇木格窗。上二层的木梯子也是设置在一层的东北角。二层地板离最高点有3.5米,空间较开敞,但也都不曾做过居住空间,只作储存物品、粮食、杂物之用。屋檐下也设置荆笆用以晾晒粮食(图3-44、图3-45)。

东西厢房从外观形态到内部结构也不大一样(图3-46)。

图 3-42 上房中间一间与西边一间之间的木质隔墙

图 3-43　火炕

图 3-44　上房的二层

图 3-45　上房的檐廊

图 3-46　西厢房及东厢房

东厢房是一栋两开间的硬山式抬梁结构的单坡屋顶建筑。两间中靠近上房的一间开窗，靠近南屋的一间开门。如前所述，东厢房紧挨 D-(5) 院，和 D-(5) 院的西厢房共用后背墙，屋顶共用屋脊，外观看上去像硬山式抬梁结构的双坡屋顶建筑。但 D-(5) 院西厢房的南山墙用的是石材，而该院东厢房用的是土坯。

目前西厢房的屋顶已经严重损坏，仅遗留部分主要的木质梁架。西厢房也是两开间的建筑，但建筑的屋顶形式很明显与东厢房不同，是三檩的硬山式抬梁结构双坡屋顶建筑。两间中靠近上房的一间开窗，靠近南屋的一间开门。西厢房的后背墙超出了上房西山墙一定的范围。

通过辨识残存的南屋遗迹可知，原有的南屋是三开间的建筑，门前的台基、条石、残留墙壁等都可确认大门和通道的位置。正常情况下，进入院内首先看到的是东厢房的山墙，与北方常见四合院的特征相似。北方很多住宅会在山墙上修影壁墙，俗称"座山影壁"。赵沟村类似这样的院子不多，因此尚未见到"座山影壁"的例子。

2. 建筑的复原及使用变迁

D-(4) 院也是位于"上院"中的一个院落。但据说该院并不是十五世赵功翰所建的宅院，也不是赵清棠所建。在赵功翰的五子分家后，长子赵成钧分到了该院东边的院落也就是 D-(5) 院，后来赵成钧家族将 D-(4) 院买下，将两个院落连为一体为同一家人使用，也属于赵清棠旧居的一部分。但最初的建造年代、当时的房主等信息目前已难以考证。

院落里的上房及东厢房保存基本较好。西厢房的屋顶已经坍塌，从遗留的部分木质梁架和东厢房的比较，可判断其原有的形态。屋顶部分是将房间进深长度等长的大梁放置在前后檐柱柱头上，梁端部上置檩条，在大梁正中设置脊瓜柱，构成的三角形三檩的三架梁木构架双坡屋顶，屋顶面向院内外的两坡一样长。

从村民的讲述以及与上房和 D-（9）院南屋的比较，可以推测原先的南屋为三开间抬梁式双坡屋顶的建筑，屋顶形态与上房以及东边 D-（5）院的南屋形态非常相似。南屋与 D-（5）院南屋的屋顶相连，也是在1980年代以后，因院中居住拥挤不堪，与 D-（5）院的南屋相继拆除，在村外新建了住宅。

据描述，南屋与上房一样是将房间进深长度等长的大梁放置在前后檐柱柱头上，梁端部上置檩条，在大梁前后各收进一步架的位置设置两根瓜柱，瓜柱顶端放置二梁，梁端部上置檩条，最后在二梁正中设置脊瓜柱，构成三角形的二梁五檩木构架。最后在五檩的基础上增加檐廊。

院落的大门和进出院内的通道位于南屋最东边的一间。这一点与北方常见四合院的特征相似。该院除了西厢房的后背墙略超出上房西山墙的范围以外，算是比较规整的四合院。像这样坐北朝南、大门开在东南角的标准四合院，在赵沟村也仅有两例（图3-47、图3-48）。

该院后来的居民也不是赵清棠的后人。据说同样在1940年代末期，该院与隔壁的 D-（5）院一起被收归公有，后来又分配给村里几户无房、少房的村民居住。当时该院分给三家使用，其中上房分给村内的另一户赵姓居民（二门赵从的后代），东西厢房分配给与 D-（5）院上房、西厢房同一家陈姓居民，南屋也是分配给另外的一户赵姓居民（二门赵从的后代）。直至现在各房屋仍属他们所有（图3-49）。

由此可知 D-（4）院与 D-（5）院在最早的时期为一户人家所有、使用，后来演变成4个家庭共同居住使用。与前述院落的家族内部分家分化成若干小家庭共同使用的情况不同，该院呈现出不同家族、不同姓氏家族共同使用的杂院化特征。

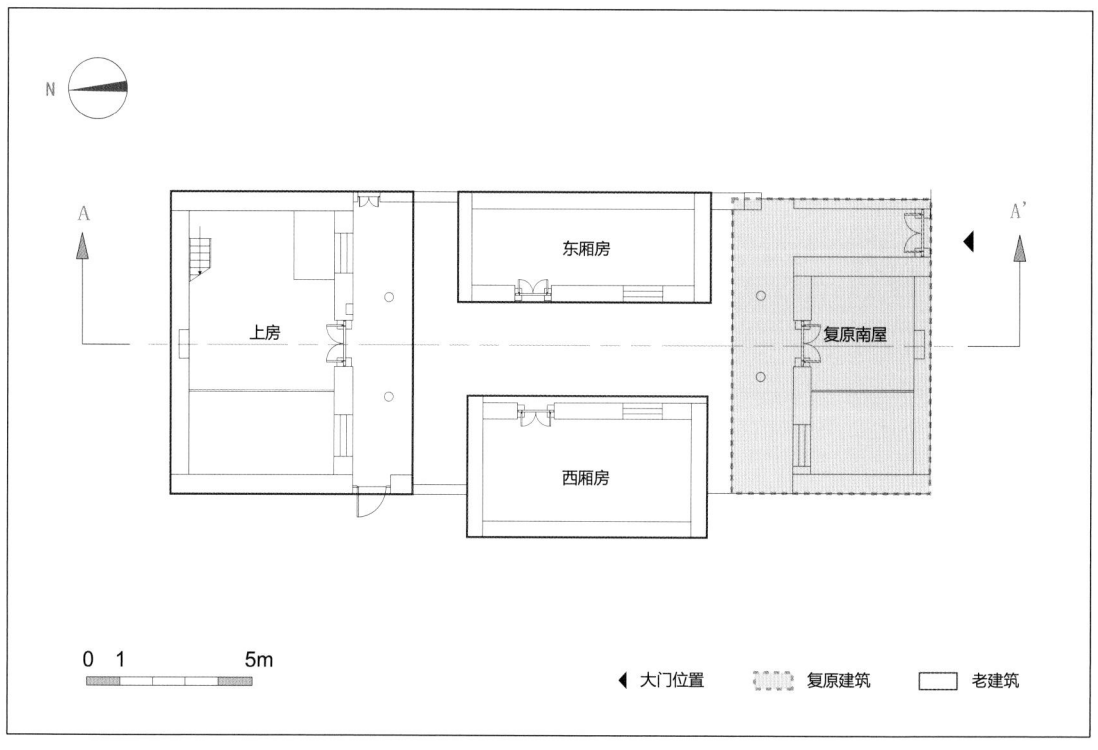

图 3-47 D-（4）院复原平面图

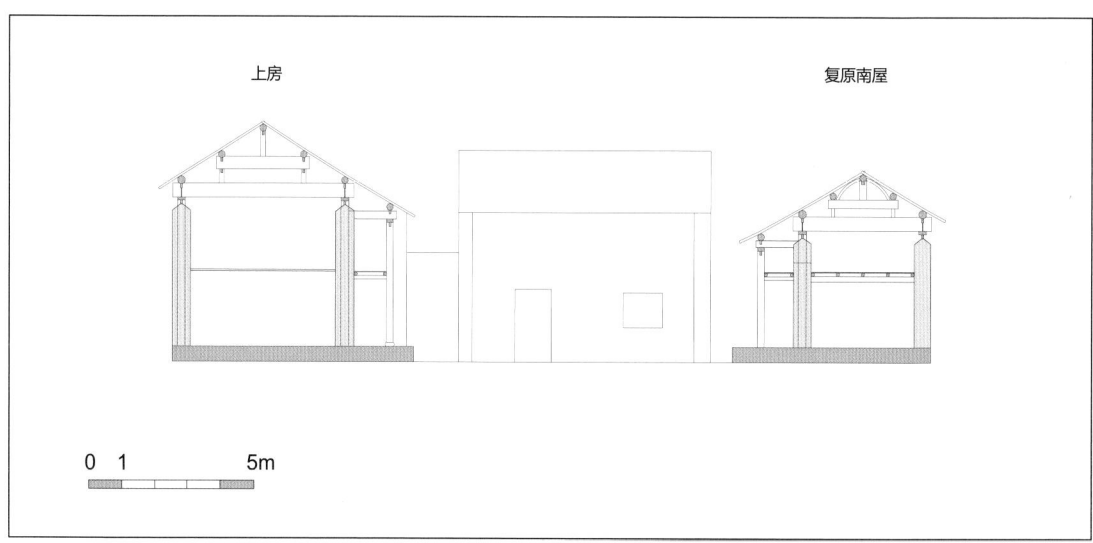

图 3-48 D-（4）院复原 A-A'剖面图

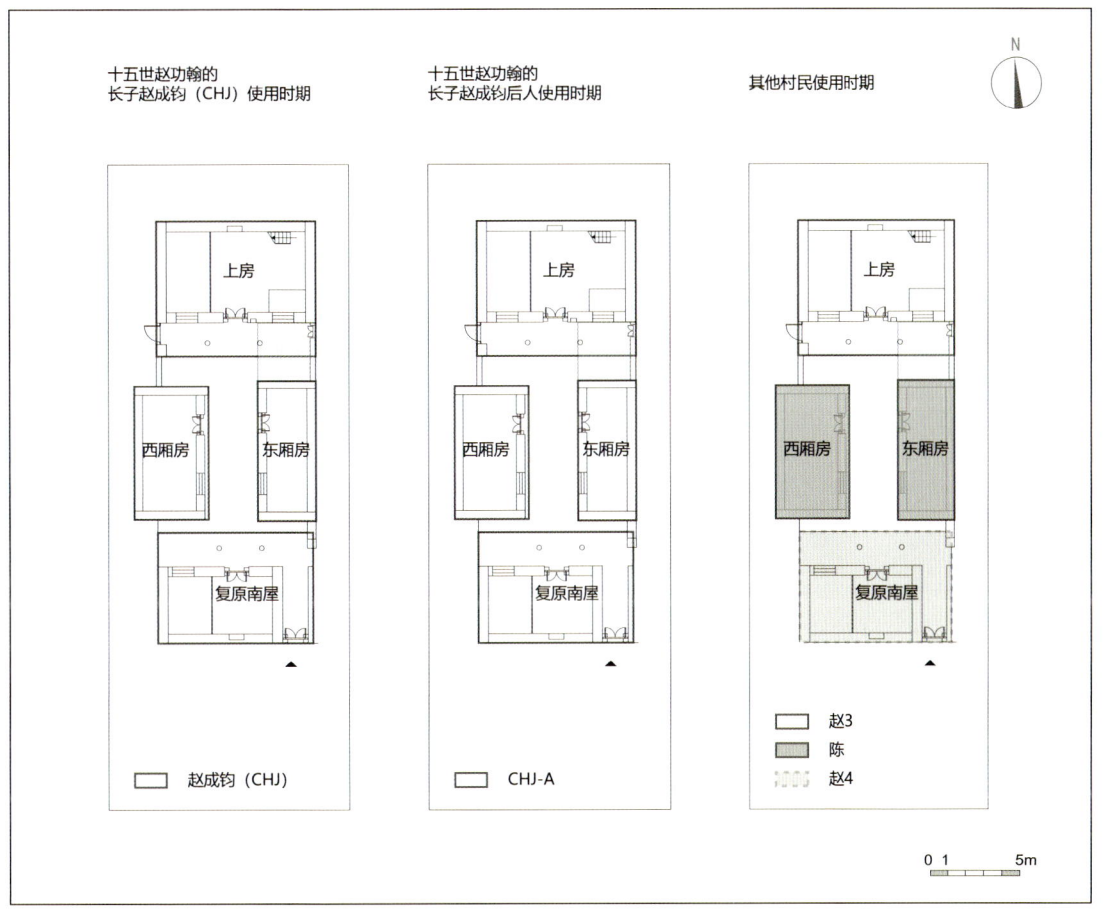

图 3-49 D-（4）院建筑使用变迁

（五）E-（5）院

1. 院落的空间构成

E-（5）院位于祠堂的东侧，按照建筑平面构成分类属于类型 R，由上房、东西厢房以及南屋组成的四面围合空间。院落的宽度与上房的通面宽同宽。四面建筑分布在一个相对规整的地块里。在南屋东边的一间设置进出院落的通道，进入院内不会直接看到上房。总体看上去是赵沟村5处类型R院落中最标准、最规整的四合院（图3-50、图3-51）。

正面的上房是三开间悬山式抬梁结构的双坡屋顶建筑。与前述几个院落的上房相似，为六檩抬梁式构架，也是在五架梁的基础上增加了一排外檐柱，柱头上放置抱头梁，抱头梁下方设有穿插枋。梁端上部放置檩条支撑屋面形成檐廊，屋面外观一坡长一坡短（图3-52）。三间的正中一间开门，设置双开平板门，两侧两间开窗。屋门与东侧窗户之间的墙壁上开设壁龛，用来供奉土地爷。

上房屋内也是用木质棚板将建筑内部分隔成上下两层，上层三间连通，正中一间的位置设置可开启的亮窗。二层也主要是储存物品、粮食。

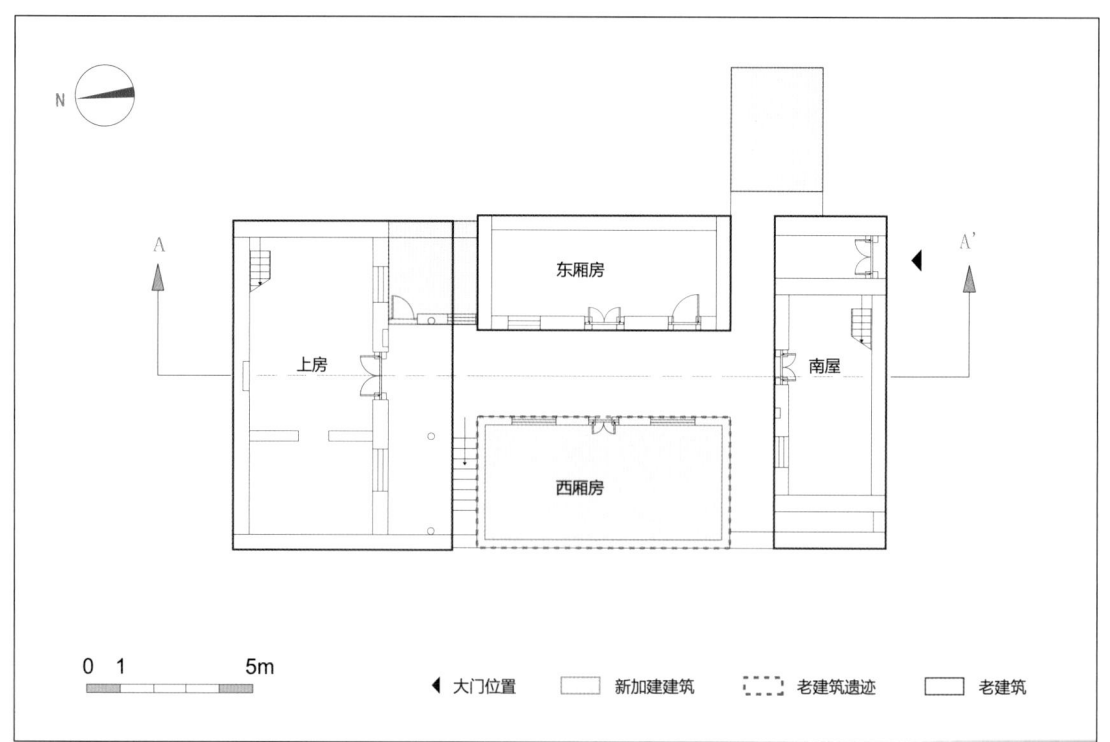

图3-50　E-（5）院现状平面图

图 3-51　E-（5）院现状 A-A'剖面图

图 3-52　上房的东侧

上房一层的中间一间与东边一间没有分隔，连通为一室，上下二层的木梯子设置在室内的东北角（图3-53）。上房也在前檐廊的檐柱与金柱之间，抱头梁下的穿插枋上，担上木梁铺上荆笆以便晾晒粮食，后来因房主年纪大了搬运不变，换到了改造过的西厢房上来晒粮食。

木质楼梯的下方放置一个矮柜，柜子上放着已故女主人的照片等。西侧紧挨着上房正中一间供奉关公的壁龛前面放一长方桌，两边放着圈椅。屋子中间放着一个烤火用的火盆，周边围着一把扶手椅和几个小凳子。东侧的墙边还靠着一个立柜。西边一间与中间一间之间用土坯砌筑了隔墙，中间开门，西边一间室内在门的左右两侧各摆一张床，床头与墙壁中间的空间摆着桌子、柜子、箱子等家具和其他物品（图3-53、图3-54）。

上房东边一间的檐廊和东厢房的山墙之间也被封闭成室内空间，用来做厨房。

图 3-53　上房室内东边一间与中间一间连通

图 3-54　上房室内西边一间

　　东厢房是抬梁结构的双坡屋顶建筑，两侧的山墙用石材砌筑至屋顶部分，檩条包裹在山墙内。屋顶部分是三檩的木构架双坡屋顶。屋顶面向院内外的两坡一样长。三间中靠近南屋的一间开门，与中间一间之间用隔墙分开，室内空间狭小，上边没有搭建楼板。靠近上房一间开窗，中间一间开门，两间内部连通，上边搭建楼板，分出上下两层。中间的一间开有亮窗。该房室内没有设置楼梯，上二层需要从外面搭梯子通过亮窗进入。是否为原先的样子，也难以考察（图3-55）。

　　现在的西厢房是一栋三开间的水泥混凝土楼板的平屋顶建筑，是近二三十年改建的建筑。西侧紧邻赵家祠堂。现在的西厢房与上房前檐廊之间的空间里，修了可以上西厢房屋顶的楼梯，混凝土的平屋顶相对宽敞、平整，利于晾晒粮食等。现在的西厢房外观上看是中间一间开门、两边两间开窗的"一明两暗"格局，室内的情况无法确认（图3-56）。

图 3-55　东厢房　　　　　　　　　　　　　　图 3-56　从上房看东厢房与西厢房（新改建）

　　南屋是悬山式抬梁结构的双坡屋顶建筑。不带檐廊且进深方面也仅有三檩，因此进深较浅，南屋面宽略小于正房的通面宽。院落的大门和进出院内的通道位于南屋最东边的一间。这一点与北方常见四合院的特征相似。该院也是坐北朝南，大门开在东南角的标准四合院。三间的正中一间开门，设置双开平板门，两侧两间开窗。屋门与西侧窗户之间的墙壁上也开设一壁龛，用来供奉土地爷。墙身下半部分为石材砌筑，上半部分为土坯垒砌。南屋的内部没有做实体的分隔，进入室内，中间一间与西侧一间之间放有一老式立柜，立柜南侧又与一门框相连，将西侧一间划分成独立空间。中间一间与东侧一间（出入大门与通道部分）无分隔，在南屋的东北角靠着可以上二层的楼梯。二层也都不住人，里面堆放着不常用的家具、工具、器皿、杂物等（图3-57、图3-58）。

图 3-57　南屋室内

图 3-58　南屋的二层

2. 建筑的使用变迁

该院最初的建造年代已经无从知晓。据上房的房主（1938年生）介绍，应该是与西侧的赵家祠堂（建于1917年）的建造时间差不多。房主在1963年时对上房进行了修缮，后来又对西厢房进行了改造，除此以外没有更多的信息。该院的房屋目前分别属于两户居民所有，了解该院最初情况的人不多。

该院居民是赵氏三门赵亮的后代。三门至第十七世的赵清芳（与长门第十七世赵清芳同名）与该院已知的信息有关（图3-59）。

从现在的所属关系以及居民所描述的信息推测，有可能在赵清芳的三个儿子时期已经进行了分家，长子赵平权分得上房和西厢房，次子赵平衡分得东厢房和南屋，三子赵平重分到了别处。好像也延续了兄居住上房，弟居住南屋传统。而后赵平权的长子赵安福继承其所有房产，最后又传给其儿子，也就是现在的房主。赵平衡无后，赵平权有三子，赵平权将三子赵安治过继给了赵平衡。赵平权的三子赵安治

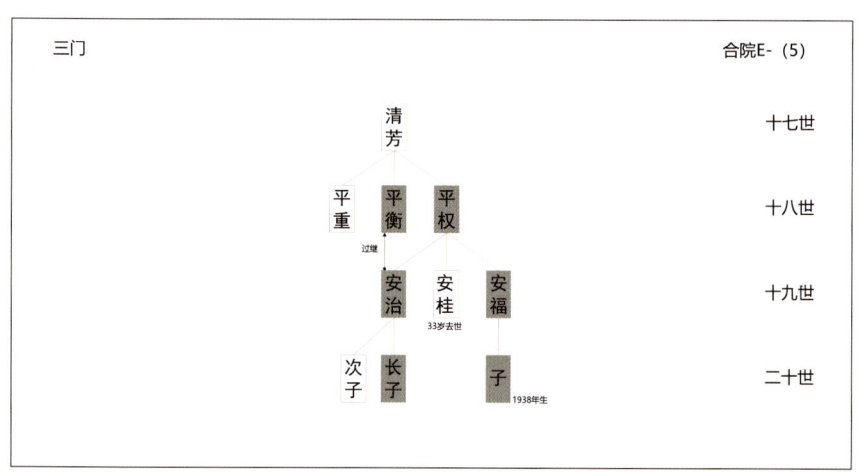

图3-59　E-（5）院人员关系

作为赵平衡的继子继承了赵平衡所有的房产，后来又将房子传给自己的两个儿子，长子赵乐琴（a-3-①）和次子赵乐民（a-3-②）（图3-60）。大约在1980年代，赵乐民搬出了 E-（5）院，在 E 片区稍微靠南的位置修建了 E-（11）院。

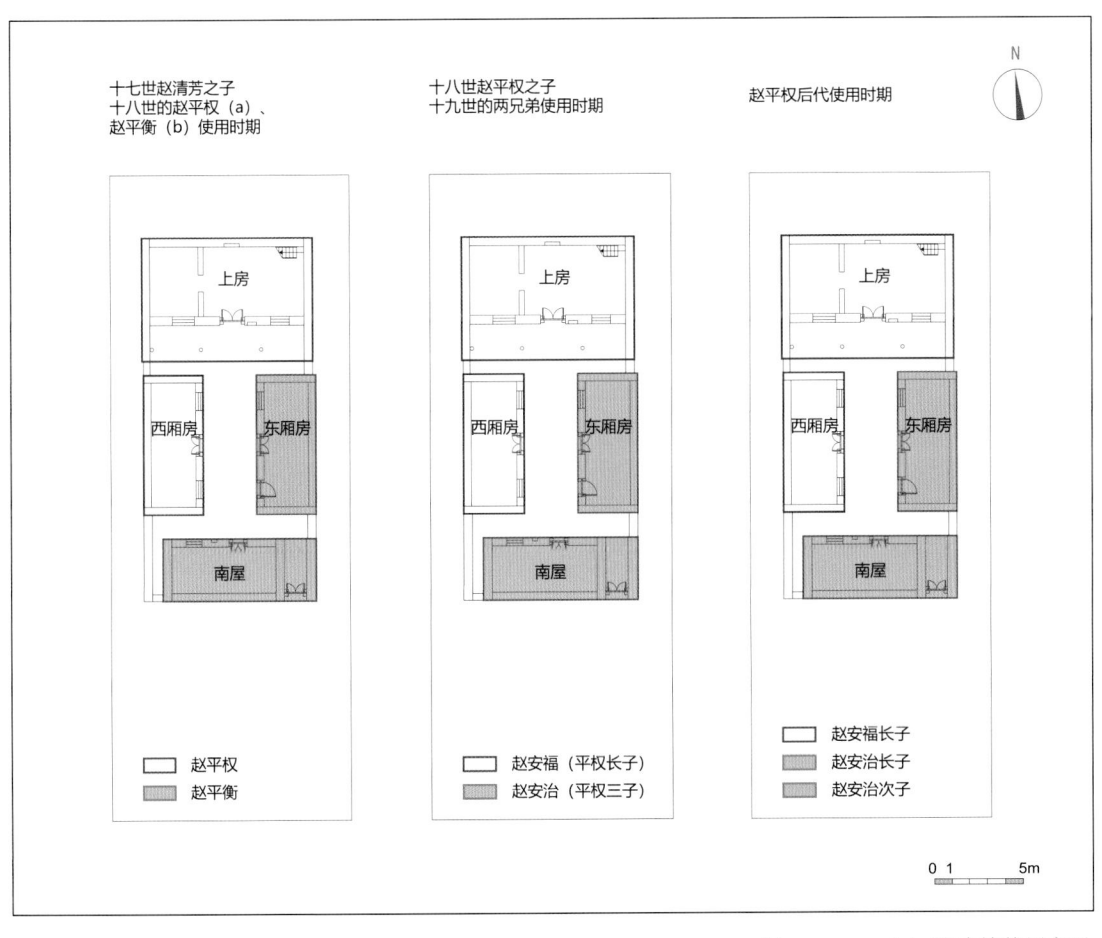

图 3-60　E-（5）院建筑使用变迁

四、居民以及民居的变化与居住状况

（一）姓氏构成

在我国传统社会里，村落有两种常见的结构类型，一种是"血缘村落"，另一种是"杂姓村落"。所谓"血缘村落"就是以一个姓氏为主，或是单一姓氏的"同姓村落"，或者叫"单一家族村落"。这种村落的特点是各个家庭以同一血缘为纽带相联系，各个家庭实际上是同一血缘的无数家支。"杂姓村落"即是指村落是由多个姓氏杂居在一处，形成同一地缘的居住形态。

赵沟村居民以赵姓为主，占到全村的80%以上，此外还有闫、吴、陈、周、王五个姓氏（图3-61）。据村民说，约在百十年前有陈姓人入赘赵沟村，村里开始有了其他姓氏的居民；约在六七十年前闫姓居民入赘村里；约四十多年前周姓居民入赘村里；约在三十多年前吴姓和王姓入赘村里。赵沟村原本应是属于典型的赵姓"同姓村落"，后来随着其他姓氏居民的入住形成了现在的姓氏结构。

（二）民居的变化与居住状况

通过调查可知，长门、二门、三门各支系的居住情况、各自家庭的发展变化，反映出各自家庭居住使用对建筑的影响，也反映出其与村落发展的关系。

现存最古老的院落最初由大家族建造，来满足家庭成员共同使用的需要。由于家庭结构、家族成员的变化，分家后的小家庭将家族所拥有的多个院落进行分割，也有两个小家庭共同使用同一院落

图 3-61 赵沟村姓氏与居住格局

的情况。随着各小家庭的家庭结构、家庭成员的进一步变化,在没有新建宅院的情况下,原有的各宅院内部的房屋出现了进一步的分属所有、分化使用情况。宅院内部开始出现更多人口、更多小家庭共同使用的状况,发展成了"杂院"式的使用状态。其中不仅有同姓氏同支系家庭共同使用,还有同姓氏不同支系,以及不同姓氏居民使用的情况。

小家庭各自独立生活的情况下,不仅居住空间狭小、居住拥挤,而且各自家庭在院内可能利用的空间建造厨房,来满足各家庭的基本生活需要,使院落环境进一步恶化。

之后,在建房用地政策、经济条件等允许的情况下,部分居民新建住宅,从老宅院中迁出。

后来有的居民因求学、工作、经商等原因离开村子,常年留在村里的人已经不多了。

五、赵沟村的公共建筑

在村里除了民居建筑,还有5栋公共建筑,分别为奶奶庙(3栋建筑)、赵家祠堂、书山影剧院,建筑形式与民居建筑有所不同,也都与村民的生活有着较为密切的关系。

(一)奶奶庙

进村时沿着赵沟河西侧的小路,驱车行至小汽车不可前行的位置,有一块较为开敞的台地,村里最大的一棵古槐树就位于此。古槐树东侧河流西侧，低于古槐树所在台地约6米落差的一块宽12.9米、长13.6米相对平坦的台地上，有一座奶奶庙。奶奶庙周边有三棵柳树环抱。奶奶庙正前方还有一古泉，叫作"下堂泉"，与村南地势较高位置的另一名叫"上堂泉"的古泉相呼应。因此，奶奶庙也被称作下堂奶奶庙（图3-62、图3-63）。

图3-62　冬天的奶奶庙（摄于2016年1月）

图 3-63　冬天的奶奶庙正面（摄于 2016 年 1 月）

据说该庙始建于明代，距今大约有500多年的历史，经常有善男信女在此求子、求姻缘。奶奶庙一共有前殿、后殿、后殿东边的小配房3栋建筑（图3-64）。奶奶庙的3栋建筑外观上看都是硬山式抬梁结构的双坡屋顶建筑，两坡长度一样。屋面覆小青瓦，台基为石材砌造。建筑的正面及侧面山墙部分用青砖垒砌，后背墙及不显眼的地方是用土坯和石块垒砌。

奶奶庙的前殿是三开间建筑，中间一间有四扇屏门，两边两间开窗。室内三间一体，没有后檐墙，可直接看见两根后檐柱，站在室内，三开间的后殿正面一览无余（图3-65）。

据村民介绍，奶奶庙的前殿原为卷棚屋顶，也就是屋顶前后两坡交界处没有用正脊，檩条数为偶数，前后两坡的屋面在正脊处做成弧形过渡曲面的屋顶。

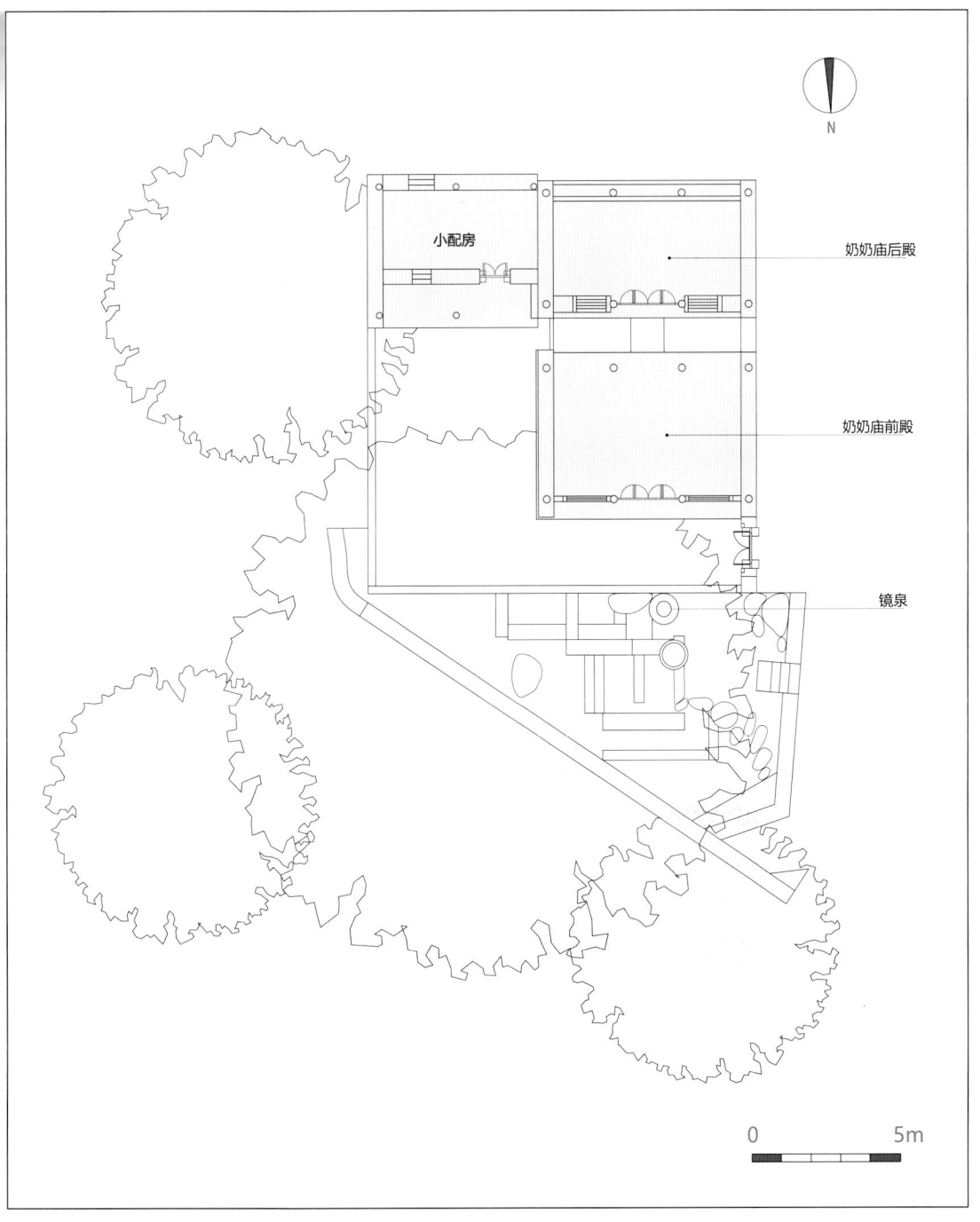

图 3-64 奶奶庙平面示意图

图 3-65　站在前殿内看后殿

后来，不知具体什么时候将奶奶庙的二梁四檩卷棚屋顶改造成了二梁五檩正脊屋顶（图3-66）。所用的建筑材料也与民居建筑一样，台基处主要用石材和少量的青砖，正面墙壁及两侧山墙等较为显眼的位置主要用墙砖，其他不显眼的地方用石材和土坯垒砌。屋面材料也与民居建筑没有差别，只是前殿与后殿的门窗样式有所不同，窗的尺寸比民居建筑的窗要大，大门采用的是四扇开启的六抹头槅扇门，与民居建筑的房屋大门有所不同。

最近一次修缮后，前殿屋面已改为卷棚屋顶，瓦也改为筒瓦。现在的屋顶是在柱头上放置有卧枋，下随立枋，上置斗拱（这一点与民居建筑不同，民居建筑中不会用斗拱），斗拱上承托大梁，大梁两端置檩条，大梁靠中间各收进一步多的位置立两根瓜柱，上面再架月梁，两端各放一根檩条，最后搭上罗锅椽，构成四檩卷棚屋顶（图3-67）。

图 3-66 最近一次修缮前的奶奶庙(正脊屋顶)

图 3-67 最近一次修缮后的奶奶庙(卷棚屋顶)

奶奶庙的后殿也是三开间抬梁式硬山屋顶建筑，也是中间一间设四扇屏门，两边两间开窗。后殿屋顶是二梁五檩有正脊的屋顶。前檐柱头上放置有卧枋，下随立枋，上置斗拱承托大梁。后檐柱头上放置有卧枋，下随立枋，没有斗拱，卧枋承托大梁。奶奶庙后殿的梁架结构在修缮时没有太大的变化，只是在屋面上增加（恢复）了装饰性的屋脊。后殿内供奉三尊奶奶像。人们一般在农历的初一、十五烧香朝拜，求婚求子，祈求平安。

后殿东侧的小配房是一栋两开间的抬梁式硬山建筑，东边一间开门，西边一间开窗，外观形态及门窗样式与民居没有太大的不同。

（二）赵家祠堂

赵家祠堂位于赵沟村相对中心的位置（E片区），院落宽9.1米，进深19.8米，占地面积约180.4平方米。祠堂现存有坐北朝南的正堂和门楼，两边修有围墙与民居分隔，形成独立空间。

据说祠堂始建于1820年前后，有记载显示现在的建筑建于中华民国六年（1917年）。祠堂内还保留着"奉先思孝"的匾额和一块记录着功德姓名的石碑。相传以前大门口有一对石狮子，大门内两边竖有约2米高的空心石柱，这些东西在破"四旧"时全部都被毁掉了。祠堂正堂内悬挂老祖轴，两侧墙壁挂有族规、祖训（图3-68）。

祠堂刚刚修缮过，为硬山式抬梁结构双坡屋顶的六檩建筑。和六檩的民居建筑结构相似，也是将房间进深长度等长的大梁放置在前后檐柱柱头上，大梁前后各收进一步架的位置设置两根瓜柱，瓜柱上放置稍短的二梁，梁端部上置檩条，最后在最高的梁上设置脊瓜柱，构成三角形的二梁五檩木构架。在五檩的基础上增加檐廊。前檐廊的檐柱端头也是

图 3-68 祠堂正中悬挂的老祖轴

先放一块横着的卧枋，下面随立枋，上面再放抱头梁，梁端上部放置檩条支撑屋面形成檐廊，屋面外观一坡长一坡短（图3-69、图3-70）。梁架结构与民居建筑的结构非常相似，除此之外所用的建筑材料也与民居建筑一样，台基处主要用石材和少量的青砖，正面墙壁主要用墙砖，其他不显眼的地方用石材和土坯垒砌。屋面材料也与民居建筑没有差别，只是门窗的样式有所不同，窗的尺寸比民居建筑的窗要大，大门也是采用四扇开启的六抹头门，与民居建筑的房屋大门有所不同（图3-71）。

祠堂每年都会有两次大的祭拜活动。第一次是大年初一早餐后，各支族人的长辈会率领阖家老少向老祖轴进行朝拜，礼行四叩首。然后礼拜逐家逐户的小祖轴。这一天谁也不出面讲话，只是指着祖轴交代后人应排在哪个字辈、哪个世序。

第二次活动是农历二月十五的祭祖拜墓。村民共聚宗祠，推举德高

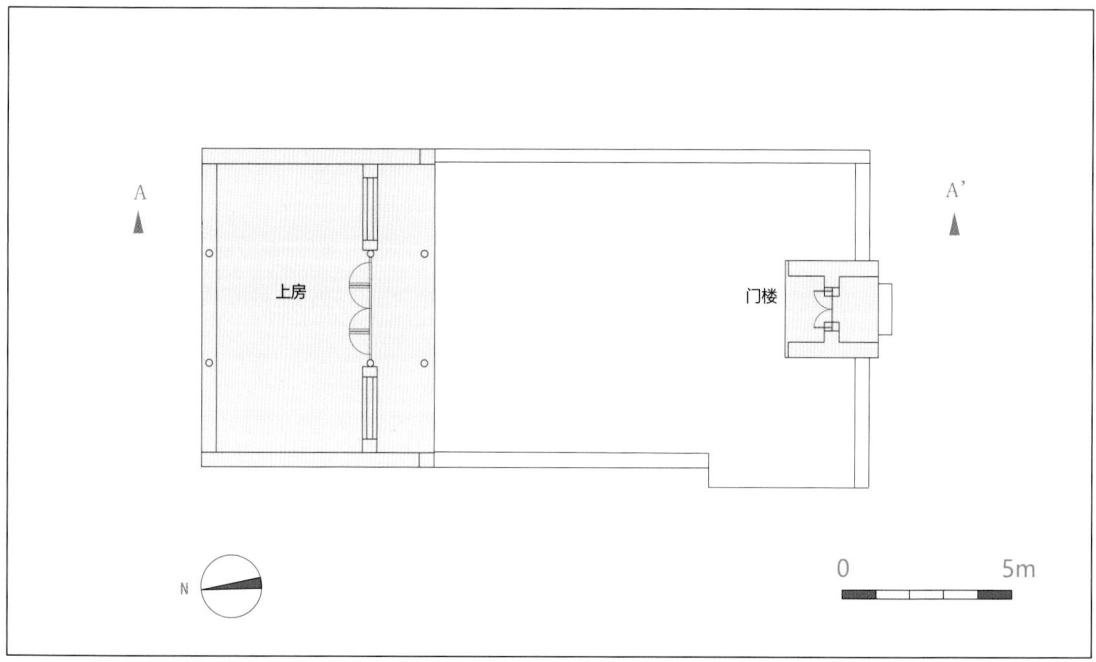

图 3-69　赵家祠堂平面图

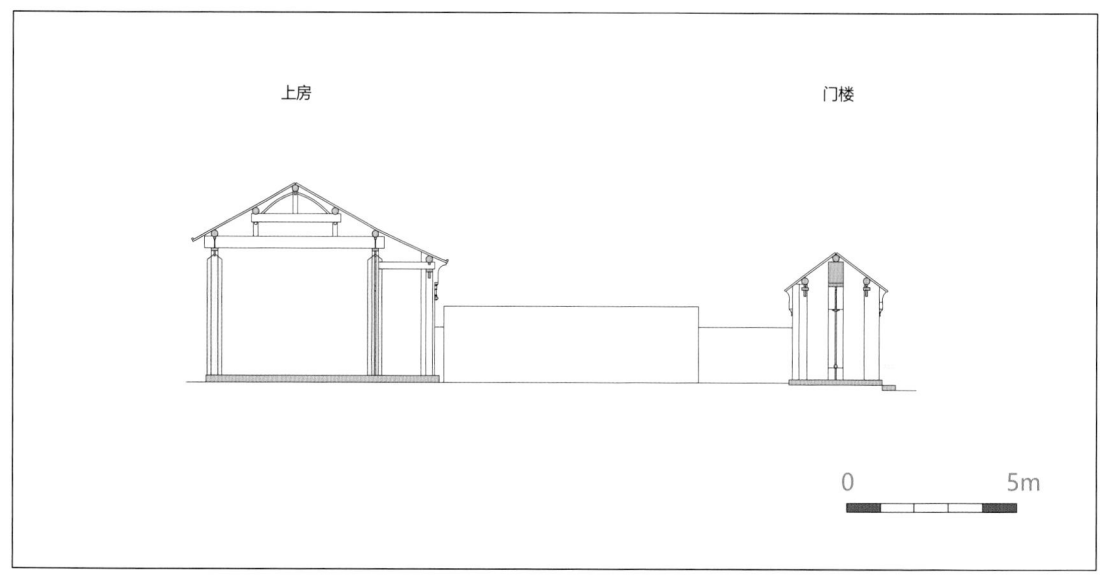

图 3-70　赵家祠堂 A-A' 剖面图

图 3-71　2016 年修缮中的祠堂

望重者为族长。族长诵读祖训，强调继承和发扬前辈功德，尊老爱幼，夫妻和顺，精诚团结，不吃嗟来之食，不取不义之财，办好事不办坏事，希望族人形成一种善人一生平安、好人长寿、埋为首义当先、团结和谐渡难关的生活理念。

近些年，年年都有迁往外地的赵氏族人前来祭祖，还送来电影、乐队、匾额和大戏。规模最大的一次是1984年，两省三市五县280人的亲族代表和有识之士共同拟订赵氏后续世辈16字，以维护赵氏世辈和世序永不紊乱。

（三）书山影剧院

书山影剧院位于村子的东部（F片区），东临赵沟河。书山影剧院的正面被围合在F-（5）院内，院内的空地也是剧院的观众席位。相传书山影剧院前身为火神庙，后来变为戏楼，1980年翻修时改名为"书山影剧院"。书山影剧院的山墙面向院内开洞（朝北）作为剧院的正面，面向观众席。顶端和两侧雕刻五星标志和装饰图等，两侧墙上的毛主席语录至今隐约可见（图3-72）。

据记载，书山影剧院现在的建筑建于1980年代，由河南开封地区的匠师修造，从结构上看属于木桁架建筑中的钢木屋架建筑（图3-73）。屋顶使用了外来建筑结构元素，为由钢木构件组成的三角形桁架（图3-74）。上面架檩，檩上搭椽子，椽子间铺满小木条承托屋面，屋顶铺设小青灰瓦，仍然运用当地的建筑材料，而且像民居建筑一样在脊檩挂上了传统的祈福四件物品。内部跨度较大，无柱子支撑，为一整体空间，利于表演使用。西南角开有一门，面向外面巷道，供演出时的物资及演

图3-72　书山影剧院

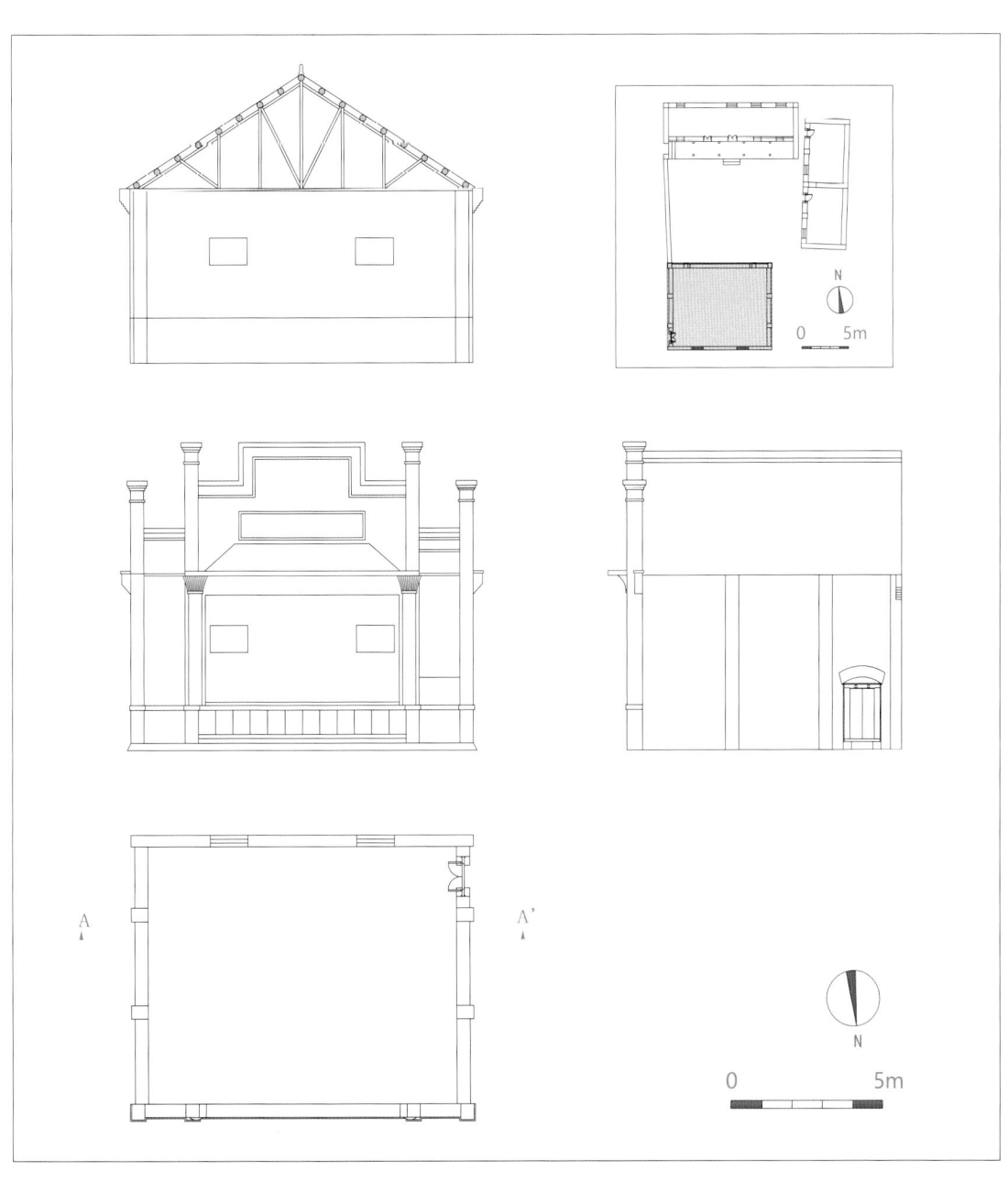

图 3-73 书山影剧院测绘图

图 3-74　三角形桁架

员登台进入。

　　该处历来是村民的文化娱乐场所,每年正月十五村民都会自发组织戏曲团体在此进行演出。据说曾演过《穆桂英挂帅》《黄鹤楼》等古戏,《朝阳沟》《三子争父》等现代戏。赵沟村的村民有唱戏的习俗,村里会唱戏、会演奏的人也多,曾经形成一定规模,后来还有人专门学习唱戏和演奏。农历二月十五,回村上坟人多的时候也会在此唱戏。以前渑池县剧团也时常来此演出。

　　后来送电影下乡,这里又成了放电影的场所。每逢唱戏和放电影就是孩子们最开心的时候。

六、其他建筑

村里最常见到的其他建筑主要是牛棚、烟炕、仓库、车棚等,这些都与村民的生产生活有着密切的关系。

(一)牛棚

在以前,小山村种地只能靠人拉牛耕,饲养耕牛一直以来都是村里最重要的事情之一。如长门上院的十五世赵功翰家族,耕牛牲畜就是集中在一起由专人喂养管理(图3-75)。

耕牛作为最重要的生产工具,村民们或是修缮一些破旧的房屋,或是选择离家较近的地方用石材和土坯为耕牛修建牛棚(图3-76至图3-79)。

图 3-75 赵功翰家族集中饲养牲畜的牛棚

图 3-76 石材修建的牛棚

图 3-77 土坯修建的牛棚

图 3-78 石材和土坯修建的牛棚

图 3-79 石材和土坯修建的牛棚

近些年，随着机械化的发展，耕牛逐渐减少，取而代之的是一些农用拖拉机、机动三轮车等。

（二）烟炕

渑池的烟草种植自1973年开始，到1984年后在全县得到普及，16个乡（镇）216个行政村2254个村民小组中就有195个行政村1458个村民小组种植烟草，各乡镇设有烟叶收购站，县城建有烟叶复烤厂，烟草成为渑池县当时重要经济作物之一。[1] 赵沟村也在此时期由生产队集体开始种植烟草，建造烟炕（图3-80至图3-83）。

烟草种植是村民重要的经济收入来源。当时村里几乎家家都种植烟草，种得多的一家会修一个烟炕，种得少的几家合用一个烟炕。

烟草的种植、加工、销售等方面都需要投入一定的精力，稍有不慎会出现一些问题，而且投入时间成本也较大。而外出打工时间灵活自由，近年来种植烟草的村民越来越少。直至近十年，全村的烟炕已全部闲置，有一部分已被拆除。

---

[1] 渑池县志编纂委员会编《渑池县志》，汉语大词典出版社,1991,第270页。

图 3-80 烟炕

图 3-81 双烟炕

图 3-82 烟炕

图 3-83 烟炕

（三）仓库、车棚

过去，村民们赶着牛车、架子车下地干活，往返于田间运送农具、肥料、种子、收获的庄稼。为了存放这些工具、物品，村民就在临近自家宅院的地方或是依靠自家房屋搭建出便于车辆进出的仓库、车棚等（图3-84、图3-85）。

这些零星散落在村里的建筑，虽不起眼，但也见证着村落里村民们生产生活的发展与变迁，已成为一道带有时间记忆的村落风景。

图 3-84　车棚

图 3-85　车棚

第四章 赵沟村民居建筑

一、传统建筑空间布局

（一）间数

传统民居的单体建筑多以间为基本规模计量单位，每四根柱子围成一间，一间的宽为面宽，深为进深。单体建筑平面是由若干间沿面宽方向组合，联合数间共用一个屋顶，组成一栋房屋，建筑的总面宽称为通面宽。民居建筑中也常见带有前檐廊或带有前后檐廊的单体建筑，间的进深加上廊的总进深称为通进深。

单体建筑一般多用奇数间数，如一间、三间、五间、七间等。单体建筑的间数和架数也是等级制度控制的具体量化指标。从唐代"六品、七品堂三间五架，庶人四架"起，到明代"六品至九品，厅堂三间，七架""庶民庐舍不过三间五架"的律例规定[1]，一般百姓住宅的正房也限制为三间。但由于清代经济有较大发展，富民、富商有建大宅的要求，在京城限制较严，正房间数虽然限定为三间，但可通过建耳房，实际上建成七间、九间，也可建多进院落和跨院形成巨宅。京城以外，也有通过变通的方法建造较大住宅的情况。[2]

河南传统民居建筑中的单体建筑以三间居多，三开间的平面形式中一明两暗式的数量最多，运用最为广泛。

赵沟村的传统建筑中，从规模上看开间数有二间、三间、四间[3]、

---

[1] 左满常、渠滔：《河南民居》，中国建筑工业出版社，2012，第175页。

[2] 付熹年：《中国科学技术史·建筑卷》，科学出版社，2008，第806页。

[3] 仅有一栋，为F-（5）院东侧的房屋。

五间[1]的单体建筑，有一部分偶数开间的建筑存在。三间、五间的单体建筑分别有带前檐廊与不带前檐廊两种，带有前檐廊的建筑可获得较大的整体进深，可增加内外部的过渡空间或获得更大的使用空间。相反，不带前檐廊的建筑进深较浅。

（二）单体建筑的平面空间组合

河南传统民居建筑中常见的单体三开间建筑在空间组织上，中间一间位于中轴线上，房门一般开在中间，平时大门打开，室内开敞明亮。功能方面作为家庭内部敬神尊祖、祭天拜地以及家庭成员活动的堂屋，或是待客的客厅等公共空间使用，因此常被称为"明"间。两边的两间开窗，两侧室内与"明"间之间设隔墙分隔，隔墙上留门，从室外不能直接进入室内，进出两侧内室必须经由此门。两边的两间功能方面作为就寝的内室，相对封闭具有良好的私密性，因此常被称为"暗"间。这样的平面空间组合即是常说的"一明两暗"式。

赵沟村现存的五开间传统住宅建筑中有南屋也有厢房，五开间的南屋带有前檐廊，五开间的厢房不带前檐廊。

五开间的南屋比较少见，调查中也仅见到2栋，且各自的情况不同。

一种是在五檩的基础上增加檐廊，与一般常见的带前檐廊的建筑不同，面向院外出檐廊，面向院外的一坡长，面向院内的一坡短，全村也独一无二，即F-(7)院南屋（复原）。而且在面向院内一面的其中三间从檐柱向后退一步，在瓜柱下方砌墙封闭室内空间，在院内也留出了

---

[1] 一共5处，分别是D-(9)院的南屋，F-(7)院的东厢房、西厢房、南屋（复原）和F-(5)院北侧的房屋。

走廊，形成了内外带廊的建筑；另外两间在檐柱下方砌墙封闭室内空间，面向院内不带檐廊。五间的中间一间留作进出院落的大门及门道。其中一侧的带内外檐廊的两间面向院内开有一门一窗，室内未作分隔，两间连通为一室。另外一侧内檐廊封闭为室内空间的两间面向内檐廊的方向开门，另外一间面向院内开窗，室内也未作分隔，两间连通为一室。

另一种也是带有前檐廊的五开间南屋，先用隔墙分隔出三间和两间两部分。两间的部分开有一门一窗，室内未分隔，连通为一室。三间的部分，正中一间开有一门，两边两间各开有一窗；其中室内开窗的一间与中间开门的一间之间设有木质隔墙，隔墙中间开门，进入室内需通过房门再经过木隔墙中间的门，室内作为卧室使用；中间一间与另外一间两间连通为一室。也算是两间为大的一"明"，一间为小的一"暗"格局。

五开间的厢房不带前檐廊，全村也仅见到2栋。五开间中先用隔墙分隔出三间和两间两部分。两间的部分开有一门一窗，室内未分隔，连通为一室。三间的部分，正中一间开有一门，两边两间各开有一窗；其中一侧开窗的一间室内与中间开门的一间室内设有木质隔墙，隔墙中间开门，进入室内须通过房门再经过木隔墙中间的门，室内作为卧室使用；中间一间与另外一间两间内部连通为一室。也算是大的一"明"，小的一"暗"格局。

还有一栋算不上宅院上房也算不上厢房的传统民居建筑，也带有前檐廊。[1] 这个房屋也是由隔墙分隔成三间和两间两部分。两间中靠山墙的一间开有一窗，靠近中间的一间开有一门，两间室内未分隔，连通为

---

[1] 由于F-(5)院的情况比较特殊，是由南侧五开间房屋和东侧四开间房屋两栋建筑与其他建筑（书山影剧院）一起围合成的空间，因此北侧与东侧的两栋建筑算不上是宅院的上房，也不属于厢房。

一室。三间的部分，位于五间正中间的一间开有一门，剩下的两间各开有一窗，三间室内无分隔，连通为一室。[1]

四开间的传统住宅建筑同样比较少见，调查时在村内仅确认一栋四开间的建筑，是在房基大于三间房的情况下就着房基的面积而建。正中间用土坯墙分隔成两个两间一室的空间，各自开有一门一窗。

三开间的传统住宅建筑最为常见，有上房、南屋，也有厢房。有带前檐廊的，也有不带前檐廊的。

三开间的上房一般正中一间开门，两边两间各开一窗。其中一侧开窗的一间室内与中间开门的一间室内设有木质隔墙，隔墙中间开门，进入室内须通过房门再经过木隔墙中间的门，室内作为卧室使用。中间一间与另外一间两间内部连通为一室。也算是两间为大的一"明"，一间为小的一"暗"格局。三开间的上房也有内部不设隔墙，三间内部连通为一大室的案例。

由于赵沟村现存四面围合的四合院并不多见，因此三开间的南屋也比较少见。南屋也有带檐廊和不带檐廊两种，一般占用一侧一间的一部分作为进出院落的大门及门道，然后在正中一间开门，两边两间各开一窗。除去进出院落的大门及门道，带檐廊的除去檐廊为室内部分。室内部分未设隔墙，内部连通为一室，中间一间与另外一间之间也常摆放柜子，来分隔出相对私密的空间，柜子与墙之间留出的空间作为进出室内的通道，室内也作为卧室使用。

三开间的厢房也有四种情况。第一种一般也是正中间一间开门，两

---

[1] 据说 F-(5) 院曾经作为赵沟村的小学校园使用，该房也曾经作为教室使用，因此室内未作分隔。在作为住宅使用的时候，是利用摆放在室内的箱子进行室内空间的分隔。

边两间各开一窗。其中一侧开窗的一间室内与中间开门的一间室内设有木质隔墙，隔墙中间开门，进入室内须通过房门再经过木隔墙中间的门，室内作为卧室使用。中间一间与另外一间连通为一室，也算是两间为大的一"明"，一间为小的一"暗"格局。第二种三开间的厢房内部不设隔墙，连通为一大室。第三种是占用一侧一间的一部分作为进出院落的大门及门道，然后在正中间一间开门，两边两间各开一窗。除去进出院落的大门及门道，剩下为室内部分，室内也设隔墙分出相对私密的卧室。第四种是三间由隔墙分成一间和两间两部分，一间的部分开有一门一窗，两间的部分两间各自开有一门一窗，室内一般也不作分隔，两间连通为一室，这样格局的房屋一般都是近些年新建的建筑。

两开间的传统住宅建筑也比较多见，一般作为厢房使用，都不带前檐廊，大致有三种情况。第一种是两间各自设有门窗，两间的内部连通为一室。第二种也是两间各自设有门窗，两间内部由隔墙分隔，各自独立一室，开窗的一间为卧室，隔墙上开门，算是"一明一暗"的格局。第三种是两间室内也由隔墙分隔为两室，两室没有开窗，各自仅开有一门。两间的房屋一般都是在建三间房屋用地不足的情况下所建。

总体上看，赵沟村的传统民居建筑中，除了有部分偶数开间的建筑存在，虽然绝大多数都是奇数开间，且以三开间的建筑最多，但在平面空间组合方面并没有采用河南民居中常见的"一明两暗"式布局。

二、建筑的屋顶形态

豫西地区常见的民居建筑承重结构主要包括两种，一种是拱券结构，另一种是抬梁式木结构。

（一）拱券结构（平顶窑洞民居）

拱券结构的民居是利用土坯、砖或石材发券，或是在原生土中挖出券洞构成屋顶。

赵沟村虽然位于豫西地区，但没有较厚的黄土堆积层，没有开挖靠山窑和天井窑的环境条件。村内现存仅有一处窑洞建筑，是用砖石发券

图 4-1　现存的一处明箍窑

砌筑的明箍窑，在拱的顶部掩土，撒上麦草用石碾反复碾压，以确保屋顶不漏雨。仅有的这处窑洞建筑是与抬梁结构的坡屋顶建筑一起围合成三合院，作为厢房使用（图4-1）。

（二）抬梁式木结构（坡屋顶民居）

中国古建筑在立面上由三部分组成，下部为台基，中部为构架，上部为屋顶，即所谓的"三段式"。其中构架部分是建筑物的骨架和主体。在传统抬梁结构坡屋顶建筑的"三段式"中，给人印象最深的莫过于最上面的屋顶部分。在清代，屋顶的样式有硬山、悬山、歇山、庑殿、攒尖、平顶（平台屋面）六种基本形式。赵沟村的传统民居屋顶的样式有硬山、悬山两种。

1. 硬山屋顶

硬山建筑是古建筑中最普通的形式，无论住宅、园林、寺庙中都大量存在。其最大的特点就是将檩木梁架全部封砌在山墙内，左右两端不挑出山墙之外，目的是防止雨水、湿气对檩头的侵蚀。常见的形式有七檩、六檩、五檩。七檩前后廊式建筑是民居中体量最大、地位最显赫的建筑，常用作正房（上房），有时也用作过厅。六檩出前廊式建筑一般用作正房，也用作带檐廊的厢房、配房等。五檩无廊式建筑，一般用作厢房、配房，也有被当作正房使用的。赵沟村的硬山式民居建筑的山墙大多没有装饰，几乎仅仅是满足了基本的功能需求，简朴实用（图4-2）。

图 4-2　硬山屋顶

2. 悬山屋顶

悬山建筑也是古建筑中常见的形式，从台基、柱网分布到梁架、屋面瓦饰、脊饰等与硬山建筑基本相同，没有大的区别。所不同的是屋面悬挑出山墙以外悬在半空，檩头未被封护在墙体以内。在赵沟村，村民也称这种形式为"出山"。悬山屋顶的形制较为原始，据说是因为早年制砖成本高，为保护山墙免遭风雨侵蚀将屋面挑出山墙外，因此这种屋顶形式最常见的是用于由土坯砌筑墙体的建筑之上（图4-3）。

图 4-3　悬山屋顶

三、抬梁式梁架结构

（一）常见的抬梁式梁架结构

常见的抬梁式架构是以垂直木柱为房屋的基本支撑。

梁是中国古建筑中重要的构件之一，是建筑物上部构架中最为重要的部分。梁在建筑构架中的具体位置、详细形状、具体作用不同，有不同的名称。按照梁上面承托檩的数量来看，可以分为三架梁、四架梁、五架梁、六架梁、七架梁等。常见的还有双步梁、单步梁、抱头梁等。清工部《工程做法则例》列举了七檩、六檩、五檩硬山建筑的例子，这些也是硬山建筑中最为常见的形式。[1]

如五檩双坡顶房屋是沿着房屋进深方向立木柱，顶端架起大梁，大梁上前后各收进一步架（相邻两檩之间的水平距离）的位置设置两根稍短的木柱（瓜柱），瓜柱顶端放置稍短的二梁，中间正好在屋脊下立短木柱（脊瓜柱），形成三角形的一榀屋架，这样梁上共承托五根檩条也就是所谓五架梁。两榀屋架构成一间房屋。三间的房屋一般由四榀屋架构成。

檩是架在梁头位置沿建筑面阔方向的水平构件。其作用是衔接两榀屋架并固定椽子，将屋顶荷载通过梁向下传递。檩的名称随其梁头所在柱的位置不同而不同，如在檐柱之上的称檐檩，在金柱之上的称金檩，在中柱之上的称脊檩。在大梁和二梁的两端以及二梁中间的脊瓜柱上架檩，檩间架椽。

椽是密排在檩上，与檩正交，承受望板（望砖、望瓦等）及屋面重量的构件。椽的位置不同，名称也不同，从屋脊至檐口有脑椽、花架椽、檐椽、飞檐椽等。坡顶的重量依次通过椽、檩、梁、柱，最后传到地表支撑面。

豫西地区民居的房屋中，七檩、六檩、五檩抬梁式构架较为常见。与河南传统民居中常见的五檩不带前后檐廊的硬山建筑基本相同，也是在进深方向列有两排柱子，柱子顶端沿着房屋进深方向架起大梁。大梁上前后各收进一步架的位置设置两根瓜柱，瓜柱顶端放置稍短的木梁也称二梁，二梁中间立脊瓜柱，形成三角形的一榀屋架（图4-4），这个梁上共承托五根檩条也就是所谓五架梁。大梁和二梁的两端以及二梁中间的脊瓜柱上架檩，檩间架椽构成双坡顶五檩的房屋空间骨架。屋面上椽

---

[1] 马炳坚：《中国古建筑木作营造技术（第二版）》，科学出版社，2003，第15页。

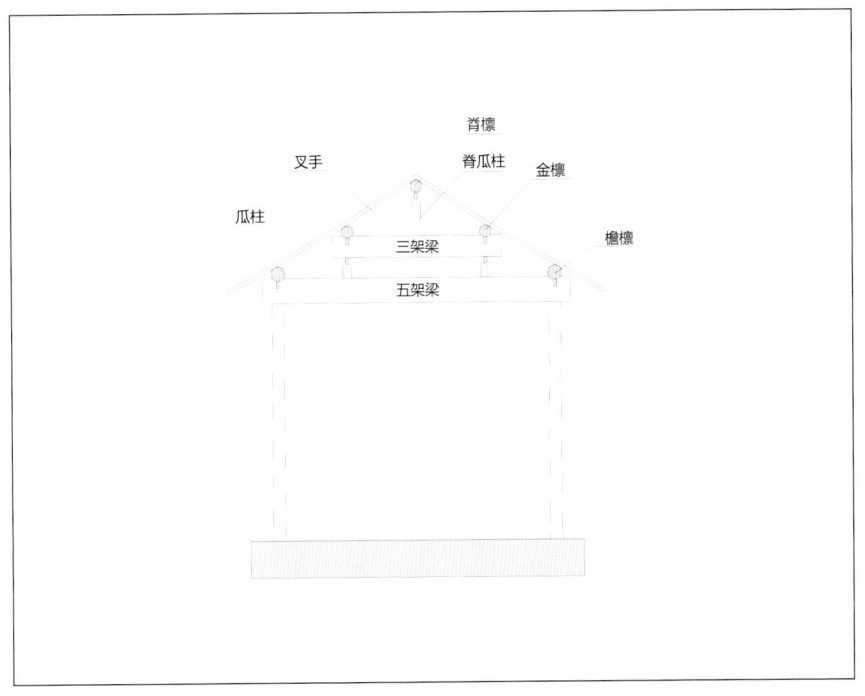

图 4-4 常见的五檩梁架结构

子分为四段,每相邻两檩为一段(步架),檐椽用于屋檐向外挑出。

六檩带前檐廊的建筑是在五檩建筑的基础上,前面增加一排檐柱,在通进深方向列有三排柱子,檐柱内侧为金柱。檐柱和金柱之间用抱头梁和穿插枋相连接。在抱头梁端头、大梁和二梁的两端以及二梁中间的脊瓜柱上架檩,檩间架椽,构成六檩双坡屋顶房屋的空间骨架,屋面上椽子分为五段(图4-5)。

七檩带前后檐廊的硬山建筑是在五檩硬山建筑的基础上,前后各增加一排檐柱,在通进深方向列有四排柱子,檐柱内侧为金柱。檐柱和金柱之间由抱头梁和穿插枋相连接。在抱头梁端头、大梁和二梁的两端以及二梁中间的脊瓜柱上架檩,檩间架椽构成七檩双坡屋顶房屋的空间骨架,屋面上椽子分为六段(图4-6)。

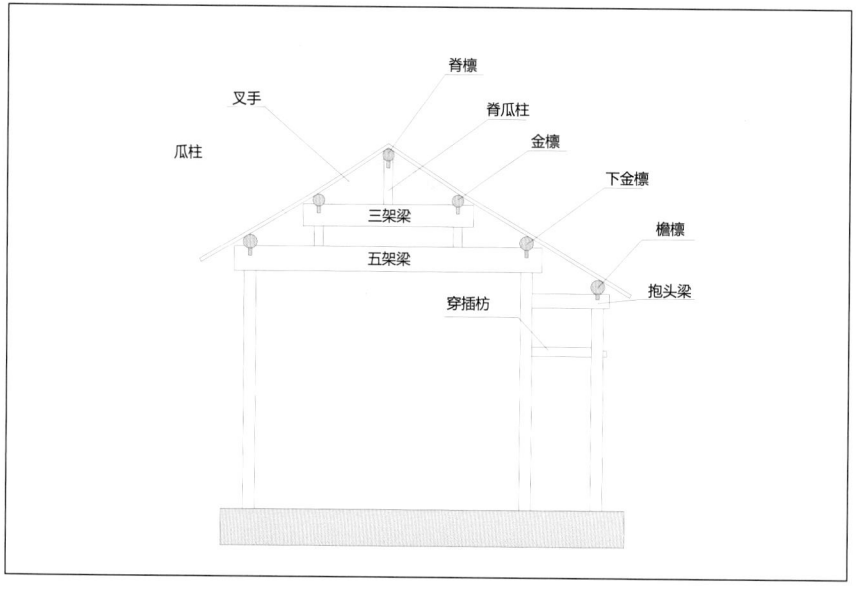

图 4-5　常见的六檩梁架结构

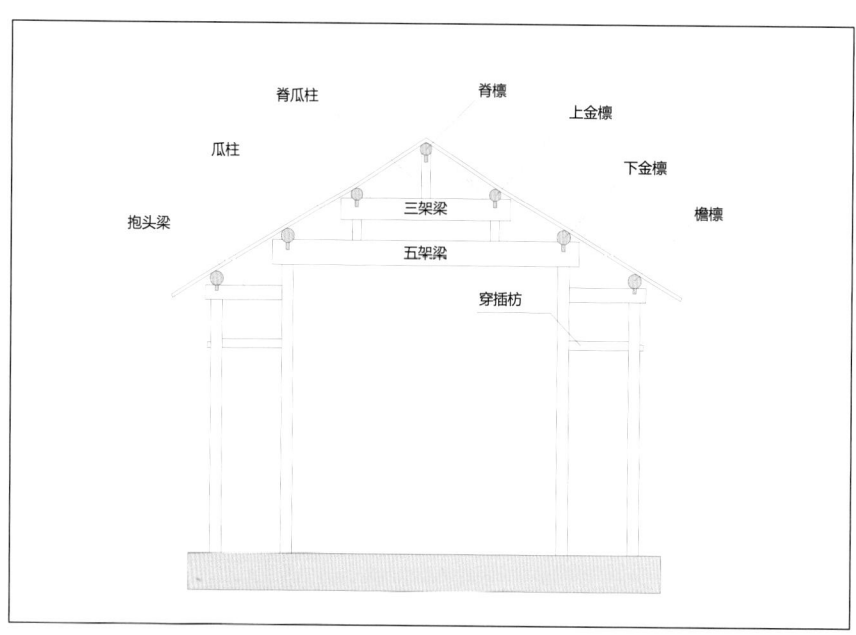

图 4-6　常见的七檩梁架结构

（二）赵沟村的抬梁式梁架结构

我们在赵沟村看到的传统民居的梁架结构，有豫西地区常见到的传统民居木结构构件组合中的共性特征，也有不同于周边其他民居的特殊点。赵沟村的村民在谈论房屋的特征时常用檩的总数量来说明、比较房屋进深的大小。比如五檩带前檐廊的房屋一共就是六檩。以此来看，赵沟村的传统梁架结构主要有六檩、五檩、四檩、三檩。另外还有一些在此基础上进行了改造、变形的例子，总体的印象与民居建筑平面构成相似，也有些"五花八门"的印象。

1. 六檩

赵沟村的传统梁架结构中六檩梁架建筑最多，主要是用于院落的上房和南屋。现存的几个四面围合院落中的上房都是六檩梁架，可复原的几个四面围合院落中的南屋也主要是六檩梁架（图4-7、图4-8、图4-9）。

赵沟村的六檩梁架房屋一般是将房间与进深长度等长的大梁放置在前后两根立柱的柱头上，梁端部上置檩条。大梁前后各收进一步架的位置设置两根瓜柱，瓜柱上放置稍短的二梁，梁端部上置檩条，最后在二梁的正中间设置脊瓜柱，在端头上放置脊檩，构成三角形的二梁五檩木构架，檩间架椽支撑屋面。前后两根落地的柱子之间还有一根两端插入两根柱内的承重梁，两榀木架的承重梁上再铺设楼板使室内空间形成二层。在五檩构架的基础上增加檐柱，檐柱顶端放置抱头梁，梁端部放上檩条，檩间架椽支撑檐廊屋面形成檐廊。出檐廊一面略长于没有出檐廊一面。一般在两榀木构架之间，紧贴大梁之间的檩条下皮再随设一根枋木。房屋的正面墙体及后背墙砌筑至檐檩和金檩的下皮，然后向内砌收

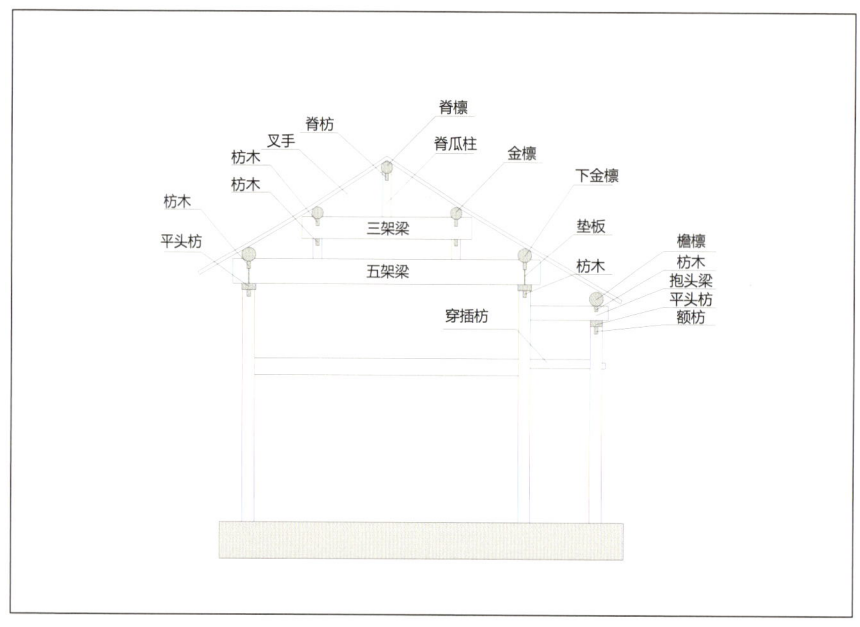

图 4-7　赵沟村六檩梁架示意图

图 4-8　六檩梁架的房屋

图 4-9 修缮中的六檩梁架房屋

起约 45°角的斜坡,将檩包裹起一部分。也有一些后背墙直接将后檐的椽头砌筑在墙体内,封闭屋檐,如 D-(9)院的南屋。在承托二梁的瓜柱柱头之间会用枋木来衔接、稳固两榀木构架(也有将其省略的情况),紧贴檩条下皮再随设一根枋木(有瓜柱头之间的枋木时,也有将其省略的情况)。在承托脊檩的瓜柱头之间,紧贴脊檩下皮同样随设一根枋木来衔接、稳固两榀木构架,出檐廊一面在承托抱头梁的檐柱头之间也会用枋木来衔接、稳固两榀木构架,紧贴檐檩下皮再随设一根枋木。

村民们指出的几栋建造比较早的建筑,与一般常见到的房屋构架略有不同。如 F-(7)院的上房,前后檐柱及金柱的柱头上横着一块木枋,下面还垫着一块竖着的木枋,构成"T"字形,当地人称上面的为"卧枋",称下面的为"立枋"。卧枋上放置大梁和抱头梁,梁两端上部放檩条,紧贴檩条下皮再随设一根枋木。房屋的正面及后背墙檩条下皮随设的枋木与下面的卧枋之间再夹一块垫板,以隔离室外空气。在建墙体的时候，将墙体砌筑至立枋的下皮，然后向内砌收起约45°角的斜坡，将立枋包裹一部分。

也有如 D-（5）院的上房，仅在檐柱与后檐柱上放置卧枋，后檐檩下皮随设枋木与下面的卧枋之间再夹一块垫板，以隔离室外空气。而正面墙的金檩下则省去了立枋，而是直接将墙体砌筑至檩下，把檩的一部分封进墙体内。檐廊檐柱的柱头上也放着一块横着的卧枋，下面垫着一块竖着的立枋，构成"T"字形。卧枋上放置抱头梁，抱头梁上放檩条，紧贴檩条下皮再随设一根枋木。

还有如 D-（9）院的上房和南屋，仅仅在檐廊檐柱的柱头上放一块横着的卧枋，下面垫着一块竖着的立枋，构成"T"字形。卧枋上放置抱头梁，抱头梁上放檩条，紧贴檩条下皮随设一根枋木。而金柱与后檐柱的柱头上则省去了卧枋。

另外，一般常见的带前檐廊的建筑都是面向院子内部出前檐，面向院内的一坡长，面向院外的一坡短。也有极个别的特例，如 F-（7）院的南屋（复原）则是面向院外出檐廊，面向院外的一坡长，面向院内的一坡短，形态与别的南屋完全相反，在村中也是独一无二。

2. 五檩

五檩的房屋有两种，一种是河南民居中比较常见的五檩，另一种是低梁高瓜柱式的五檩。

常见的五檩房屋通常都是在进深方向比六檩的少了檐廊的部分。房屋的其他构造相似，是将与房间进深长度等长的大梁放置在前后两根立柱的柱头上，梁端部上置檩条，大梁前后各收进一步架的位置设置两根瓜柱，瓜柱上放置稍短的二梁，梁端部上置檩条，最后在二梁的正中间设置脊瓜柱，在端头上放置脊檩，构成三角形的二梁五檩木构架，檩间架椽支撑屋面（图4-10）。这样的五檩构架在河南的抬梁式梁架结构的民居中较为常见，但在赵沟村却不多见，调查中仅见到有少数用作厢房的案例。

赵沟村的传统梁架结构中，另外还有一种低梁高瓜柱式的五檩木构架建筑。也是在进深方向列有两排柱子，然而并没有在柱子顶端沿着房屋进深方向架梁，而是在两根柱子之间插入承重梁，在承重梁上前后各收进一步架的位置设置两根瓜柱，瓜柱较长，顶端放置稍短的二梁，二梁中间立脊瓜柱。在两根瓜柱上分别插入一根单步梁，两根落地檐柱的柱头分别承托两根单步梁，形成一榀屋架。在两根单步梁的梁端与二梁的两端以及中间的脊瓜柱上架檩，檩间架椽构成五檩双坡顶的房屋空间骨架。另外，在两榀屋架的插梁上直接架设枋木铺设楼板使室内空间形

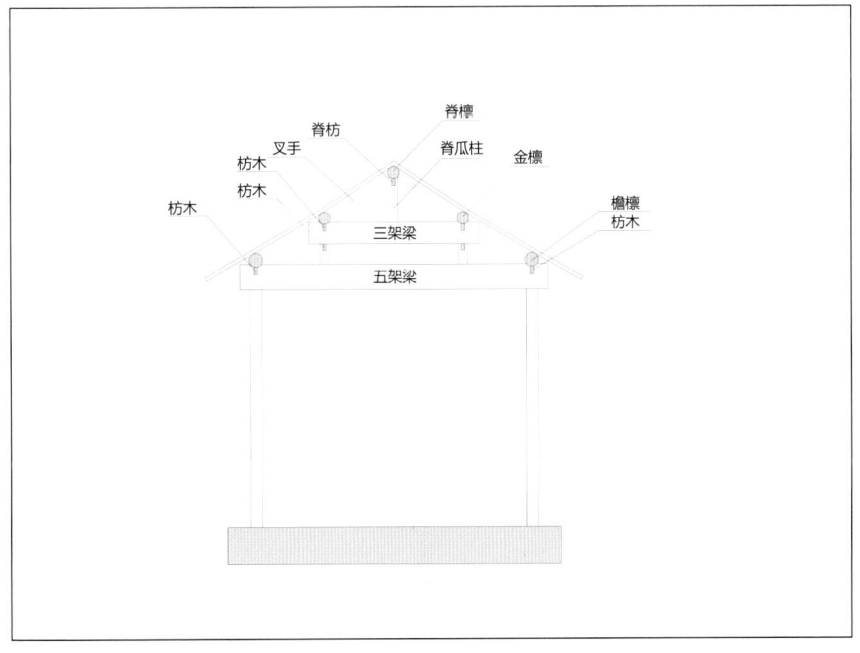

图 4-10　赵沟村五檩梁架示意图

成二层（图4-11、图4-12、图4-13）。这样的低梁高瓜柱的房屋一般也是用作厢房，而且建造年代较晚，目前所见最早的建于1970年代。

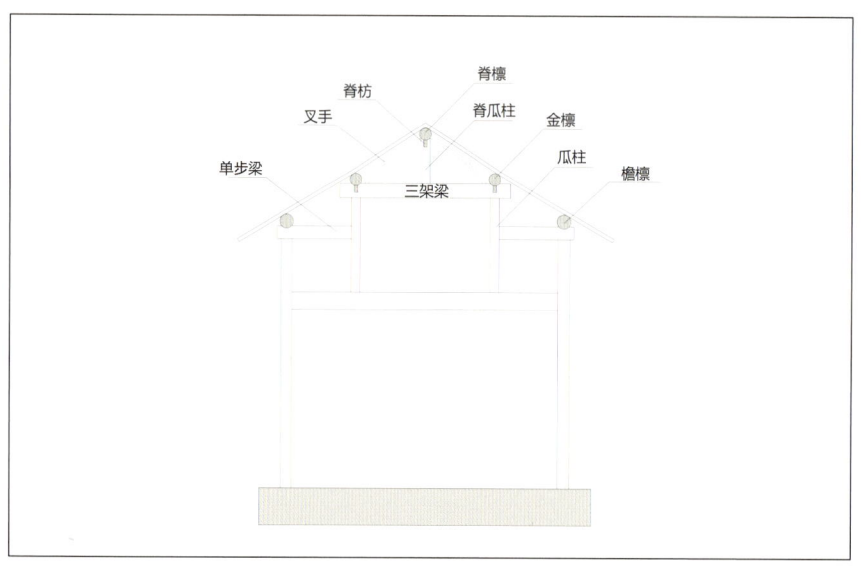

图 4-11 赵沟村低梁高瓜柱构架示意图

图 4-12 低梁高瓜柱房屋

图 4-13 低梁高瓜柱房屋

3. 四檩

四檩的房屋也有两种，一种是三檩带前檐廊，一种是二梁四檩一坡半房屋。

三檩带前檐廊的建筑在赵沟村并不多见，但由于其形态比较特殊，所以给人很深的印象。屋顶部分是将房间进深长度等长的大梁放置在前后檐柱柱头上，梁端部上置檩条，在大梁正中设置脊瓜柱，构成三角形三檩的三架梁木构架屋顶。在三檩的基础上增加檐廊，出檐廊一面长于没有出檐廊一面（图4-14、图4-15）。

还有一例，屋顶部分与前述一致，在三檩的基础上增加了檐廊，出檐廊一面长于没有出檐廊一面。不同的是，该房并没有围合在宅院里，而是位于村中巷道临近台地的边缘而独立存在。并且下面还有一层，与

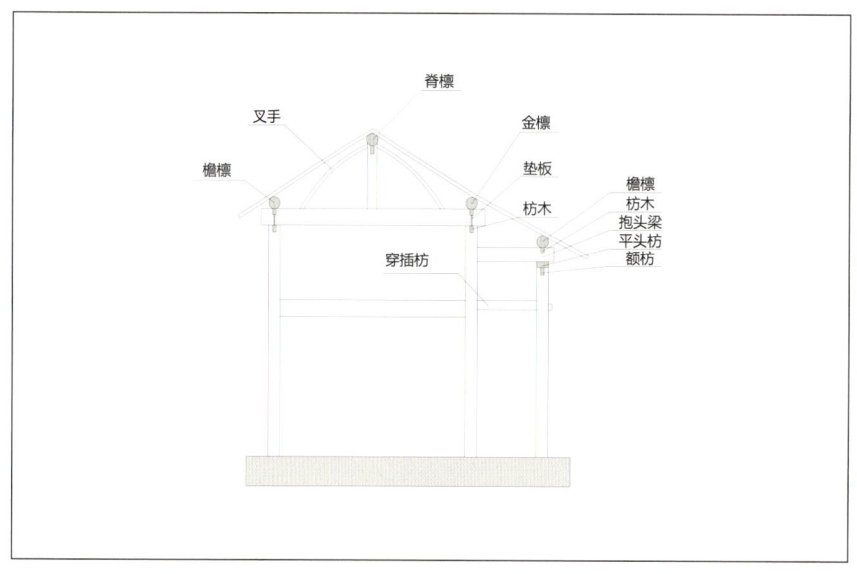

图 4-14　赵沟村四檩梁架示意图

图 4-15　赵沟村三檩带前檐廊建筑

上面一层通面宽同宽，只是门的开启方向与上面一层相反，背对巷道。下面一层作为饲养耕牛的牛棚使用。上面一层的檐廊面向巷道，据村民回忆说曾经作为商铺使用过。

另外一例，F-（3）院东厢房的屋顶部分与前述一致，在三檩的基础上增加了檐廊。檐廊檐柱柱头放上一块横着的卧枋（平头枋），下面还垫着一块竖着的立枋（额枋），构成"T"字形，卧枋上放置抱头梁，抱头梁上放檩条，紧贴檩条下皮再随设一根枋木，与前述上房的檐廊处相似。不同的是后檐柱与金柱的顶端没有卧枋，直接承托大梁，两柱子之间由枋木牵拉，梁两端放檩条，檩条下皮也随设一根枋木与下面的枋木之间夹一块垫板来隔离室外空气。大梁的正中设置脊瓜柱，顶端放置脊檩，构成三角形三檩木构架，结合檐廊构成四檩建筑（图4-16）。

房屋的正面墙体及后背墙砌筑至立枋的下皮，后向内砌收起约45°

图4-16 三檩带前檐廊建筑内部

角的斜坡，将立枋包裹一部分。前后两根落地的柱子之间也有一根两端插入两根柱内的承重梁，两榀木架的承重梁上再铺设楼板使室内空间形成二层。一般常见的带前檐廊的建筑都是面向院内出前檐，面向院内的一坡长，面向院外的一坡短。而F-（3）院的厢房是个特例（图4-17）。

图4-17　三檩带前檐廊建筑外部

　　赵沟村四檩的房屋还有一种好像是在五檩无廊建筑的基础上减去一根檩木形成的两坡不一样长的一坡半屋顶形态（图4-18、图4-19）。屋顶部分是将房间进深长度等长的大梁一端放置在前檐柱柱头上，另一端插入略高的后檐柱内，在大梁上自檐柱收进三分之一的位置设置一根短瓜柱，瓜柱上放置一根单步梁，在大梁另外一端自后檐柱收进三分之一的位置设置一根稍长的瓜柱作脊瓜柱，两根单步梁的另一端分别插入脊瓜柱，构成的四檩一坡半木构架。大梁的一端、两根单步梁的两端以及脊

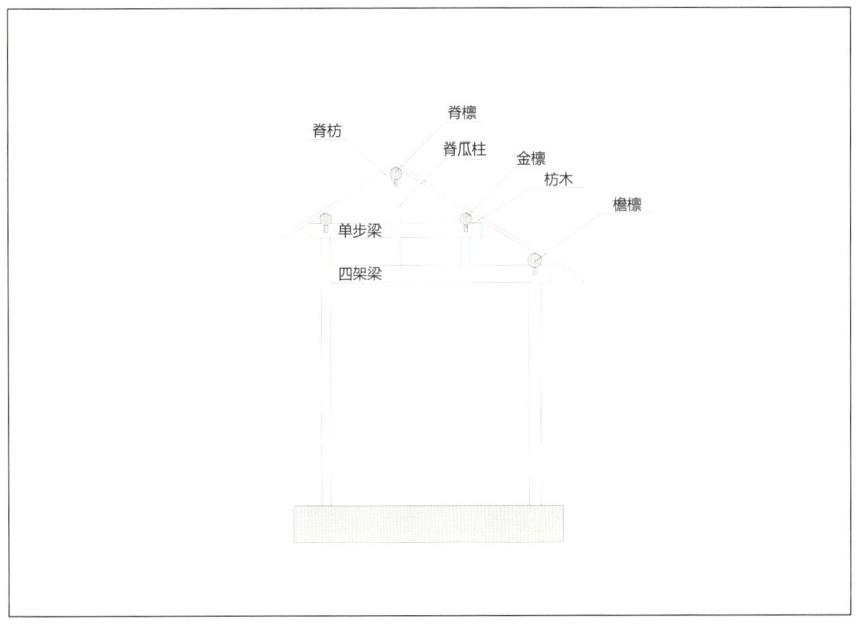

图 4-18　赵沟村二梁四檩一坡半构架示意图

图 4-19　赵沟村二梁四檩一坡半构架

瓜柱柱头上加檩，檩间架椽，屋面上椽子分为三段，形成了一坡半的外观形态。这样的例子在村里也极为少见。

4. 三檩

赵沟村三檩的房屋一般是将房间与进深长度等长的大梁放置在前后檐柱柱头上，大梁正中位置立脊瓜柱，形成可承托三檩的三角形一榀构架。两榀构架之间梁端部上与脊瓜柱柱头上置檩条，构成三角形的三檩木构架。

几栋建造比较早的作为厢房使用的三檩房屋，与一般常见到的厢房略有不同。其在前后檐柱柱头上也先是一块横着的木枋（卧枋），下面垫着一块竖着的木枋（立枋），构成"T"字形。卧枋上放置大梁，梁两端上部放檩条，紧贴檩条下皮再随设一根枋木。与下面的卧枋之间再夹一块垫板，隔离室外空气。墙体砌筑至立枋的下皮，然后向内砌收起约45°角的斜坡，将立枋包裹一部分（图4-20、图4-21）。也有把后背墙省去了卧枋直接将墙体砌筑至立枋下，把立枋封进墙体内的例子。而且作为厢房使用的三檩房屋，前后两根落地的柱子之间基本也都有一根两端插入两根柱内的承重梁，两榀木架的承重梁上铺设楼板使室内空间形成二层。

三檩的房屋进深都比较浅。除了最为常见的三檩双坡的房屋以外，也存在三檩半坡的房屋，也就是单坡的房屋（图4-22）。单坡厢房往往和隔壁院落的厢房共用后背墙，形成外观与抬梁结构的双坡屋顶建筑相仿的形态，这样与隔壁的院落之间不会形成空地，使空间得到最大化利用。赵沟村这样与隔壁院落共用后背墙的情况也较常见（图4-23）。另外，有个别案例虽然与隔壁院落的厢房共用后背墙形成三檩半坡的形态，但

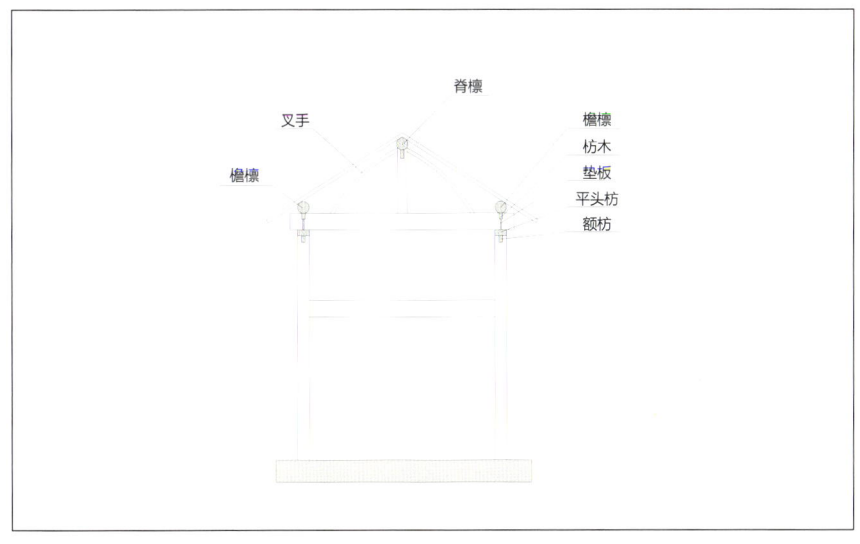

图 4-20　赵沟村三檩梁架示意图

图 4-21　赵沟村三檩梁架房屋

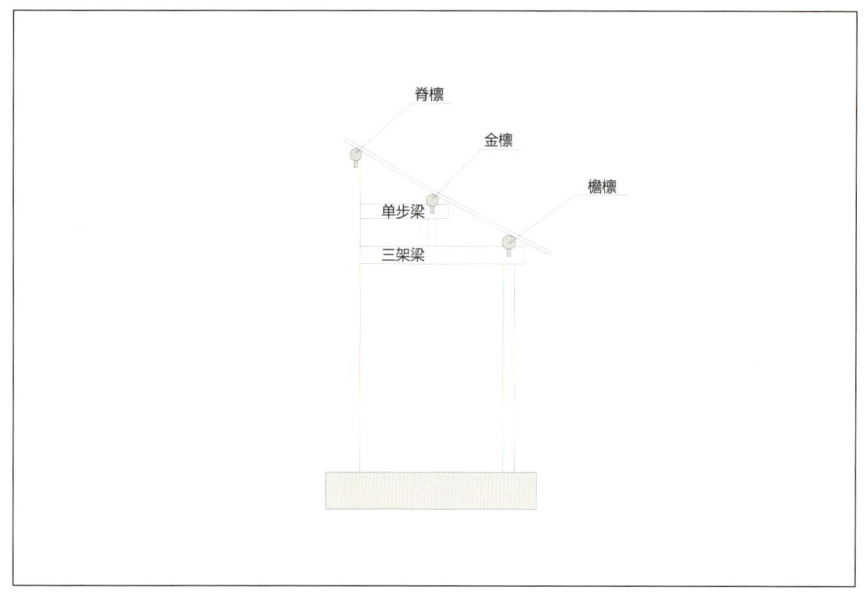

图 4-22　赵沟村三檩半坡构架示意图

图 4-23　三檩半坡共用后背墙厢房

也在前檐柱柱头上放卧枋，卧枋上放置大梁，梁的另一端插入共用的中柱上。梁端上放檩条，紧贴檩条下皮再随设一根枋木。与下面的卧枋之间夹一块垫板隔离室外空气。墙体砌筑至立枋的下皮，然后向内砌收起约45°角的斜坡，将立枋包裹一部分，外观上看与院内其他在檐柱上安置卧枋的建筑形态一致。但与隔壁院落厢房省去卧枋直接将墙体砌筑到檩下的形态不同。

四、赵沟村民居的建筑特色

（一）挂橼

赵沟村建房子的时候同样也是以梁、檩、椽作为屋架系统中的主要构件，但椽子的搭接方式与常见传统建筑的做法有所不同。

就拿六檩带前檐廊的上房为例，沿进深方向共有三排柱子，分别为前檐柱、金柱、后檐柱。在前檐柱和金柱之间的柱头上架设抱头梁（有的有卧枋），下设穿插枋。在金柱与后檐柱之间架设五架梁，梁两端架檩条即金檩与后檐檩。梁上立瓜柱，瓜柱上架三架梁，两端架檩条即上金檩，然后再立脊瓜柱，上设脊檩。檩上架设椽子，椽子搭在相邻的两根檩条上，从上至下依次是脊檩与上金檩之间的脑椽，带檐廊的长坡屋面的上金檩与金檩之间的花架椽，金檩与檐檩之间的檐椽。脊檩位置两椽的端头稍稍伸出檩的位置，两椽头搭接。椽子向下同样与下一椽的端头搭接，用铁钉均匀铺钉在檩条上，檩起到了支撑并固定椽的作用。村民称这样的做法为"钉椽"。钉椽只是近些年才有的，并非赵沟村的传统做法。

据村民说，以前建房子时的传统做法是"挂椽"，梁架上面的椽子不是钉在檩上，而是挂在檩上。即在檩上架椽子时，从脊檩开始将搭接在脊檩上稍稍伸出的两椽头用当地叫作"贯"的构件连接起来，挂在脊檩上，向下同样用贯将脑椽与花架椽头固定住，出檐的一面花架椽再与檐椽用贯固定住。这样从上而下，脑椽牵住花架椽，花架椽牵住檐椽，椽并没有固定在檩上，檩只起到支撑椽的作用。

（二）贯

据村里会建房子的村民讲述，贯一般是用黄栌来制作，其制作并不是太难，但需要一定的经验和技巧。首先将黄栌树枝截成适宜的长度，一般在45厘米左右，将树枝一端砍成梭状尖头，中间腹部偏尖头的位置稍胖，如梭子状腹部，另一端比腹部纤细一些，保留平头（图4-24）。

将椽子的端头一侧削平，以便两椽严密对接。在削平的平面中央位置开一个长约3厘米、宽约2.5厘米的方孔。将两根椽子头对头，削平的

图4-24 制作好的贯

平面相贴,方孔相应重合,将贯的尖头一端穿过两根椽子的方孔,方孔滑到贯的腹部正好被牢牢卡住。这时在贯的平头一端用斧头劈开一条缝,再新拿一根贯将尖头一端插入前面贯的缝隙之中,然后用斧背用力敲平头一端,把贯的平头端撑开,这样就可以把两根搭头椽子的端部牢牢地固定在一起(图4-25至图4-34)。以此类推,直至脊檩两侧的脑椽布完。然后用同样的方法,完成带檐廊一面的脑椽与花架椽椽头的衔接,之后再完成花架椽与檐椽椽头的衔接,最后完成不带檐廊一面脑椽与后檐椽椽头的衔接。椽子自上而下如同一张网,搭挂在以脊檩为最高点的两坡面上,由脑椽自上而下拉着下面一根椽子,上下两个椽子由贯衔接,同时贯也固定了椽子与左右两边相邻椽子之间的横向距离。这样完全不用钉子的做法,不仅节省了用钉子的开销,而且黄栌木耐腐蚀性极好,远远比钉子持久耐用。近些年村里在对老房子进行修缮时,人们发现有些老房子虽经历百年风雨,屋顶上的椽子甚至檩条都已经腐朽,而用黄栌木制作的贯仍有许多却还无恙(图4-35、图4-36)。

图 4-25　截取木料　　　　　　　　图 4-26　砍出基本形状

图4-27　修正造型

图4-28　演示贯脊檩上的第一对椽

图4-29　套入第二对檩的第一根

图4-30　套入第二对檩的第二根

图 4-31 加固第二对檩

图 4-32 贯头上劈缝

图 4-33 贯入第二根贯

图 4-34 完成第二对檩

图 4-35　更换腐朽的椽子

图 4-36　传统方法维修屋顶

（三）钱币、红布、筷子、书

河南很多农村建新房子时，要拜祭姜太公，希望保佑一家人平平安安、祛邪、避灾、祈福。有些地方房子上檩时，房主人要在脊檩中间拴块红布和一双筷子。[1]

赵沟村的村民在建房时也有类似的习俗，会在房子正中一间的脊檩上放置四件物品：钱币、红布、筷子和书（图4-37、图4-38、图4-39）。大致的说法是，先人们希望后代子孙能有钱花，有衣穿，有饭吃，有书读。

1980年，翻修村里的古戏楼时，正中的脊檩处仍放置了传统的四件物品（图4-40）。

图 4-37　建筑上的钱币、红布、筷子（已脱落）和书

图 4-38　建筑上残存的钱币和筷子

---

[1]　甘肃省古籍文献整理编译中心编《中国民俗知识·河南民俗》，甘肃人民出版社，2008，第32页。

图 4-39　建筑上取下的古钱币

图 4-40　书山影剧院屋顶的钱币、红布、筷子和书

五、传统民居的墙体材料

墙体在传统建筑中不仅是重要的承重结构,更是最主要的围护结构,它不仅要具备防卫、保温、隔热等基本的功能要求,还要考虑到经济性的问题。赵沟村传统民居中常见的墙体材料主要有青砖、石材、土坯三种,是形成赵沟村整体形象的重要元素。

(一)青砖

传统民居中用青砖砌筑的墙体平整美观且防水耐磨,但青砖的制作过程复杂、成本较高。赵沟村很多房屋为达到既经济又美观的效果,常常在房屋可见的主立面使用整砖墙,或在重点部位(如山墙的墀头、门框、窗框、墙体根部等)用青砖砌筑,而在其他侧面则混合其他材料(如石材、土坯等)砌筑墙体。

(二)石材

赵沟村由于坐落在大山脚下,又靠近河流,村内大量使用毛石、卵石及条石砌筑建筑的基础、墙体的下碱、墙身、路面等(图4-41、图4-42)。

整个村子因大量使用石材,与周边沟渠散布的大量石头相映成趣,完美融入周边环境,既实用美观,又体现出人们的生活智慧(图4-43)。

图 4-41　石材砌的山墙

图 4-42　石材砌的墙体

图 4-43 村子与山林环境自然融合

（三）土坯

土坯墙多分布于黄土丘陵地区，是用生土砖砌筑的墙。土坯的制作方法是将黏土掺水，待其不干不湿时，反复和匀后填入模子，经捣实成型后，去掉模子晒干而成（图4-44、图4-45）。由于土坯墙的制作方法简单易于操作，建房户可自己动手而不必聘请工匠，既经济又便利，因此土坯墙的使用频率较高。

赵沟村传统民居建筑的墙体常常是用砖砌筑建筑的正面或显赫部位，用石材或土坯砌筑其他部位。用砖砌筑的墙体也常常是墙体外侧用青砖而内侧的室内部分用土坯。也有整体用土坯砌筑山墙或后背墙的情况（图4-46）。牛棚等不重要的辅助建筑常常整体用土坯来砌筑（图4-47）。

图 4-44　制坯的模子

图 4-45　刚脱模的土坯

图 4-46　用土坯砌筑的山墙

图 4-47　用土坯建造的牛棚

赵沟村的传统民居基本都是由青砖与石材、土坯混合搭配砌筑的墙体，混合墙或两两搭配或三材并用，充分发挥各种材料的优势，依据建房户各自的家庭情况以及使用需求，最终形成经济适用又形式各异的外墙形式（图4-48、图4-49）。整个村落的建筑与建筑、建筑与村落整体环境维持既整体统一又个性鲜明的特色。

随着村民收入的提高以及新材料的出现，加之交通运输日趋便利，近几十年用红砖与石材混合建房的情况开始增多。再后来也有村民为了美观及对建筑本体的保护，开始在房屋外墙用水泥、瓷片等饰面。

图4-48　青砖与石材、土坯并用

图 4-49　石材与土坯并用

六、建筑装饰构件

（一）砖构件

1. 墀头

墀头是山墙伸出檐柱之外的部分，突出在山墙两边，用以支撑前后出檐，成对使用，是中国传统建筑构件之一。硬山墙的墀头占据了衔接山墙与房檐瓦的部分。它承担着屋顶排水和边墙挡水的双重作用，由于特殊的位置，远看像房屋昂扬的颈部，因此也是房主用尽心思来装饰的地方。河南民居中墀头的装饰简繁不一，简单的全无雕饰，只叠合多层枭混线。

赵沟村传统民居中，墀头的装饰较为简单，只在上身和盘头连接处及缠头下方作简单装饰（图4-50、图4-51）。

图 4-50　花卉装饰的墀头　　　　图 4-51　福字装饰的墀头

2. 屋脊、门头上的砖雕

赵沟村传统民居中使用砖雕的地方较少，相对常见的砖雕主要用在屋脊上。

传统民居的屋脊有正脊与垂脊两种。正脊为前后两坡相交最高处的屋脊，具有防水和装饰功能。垂脊为在屋顶与正脊相交且向下垂的屋脊，赵沟村传统民居中没有用垂脊的案例。河南传统民居的屋脊形式多样，繁简不一，主要有花瓦脊（也有称透风脊）、实脊两种类型。花瓦脊在河南传统民居中也非常普遍，其形式活泼多变，造价相对较低，且有效减轻了屋脊的重量。经济条件较好的人家常用高浮雕花卉、文字、人物装饰的实脊。赵沟村传统民居中花瓦脊较为常见，带有装饰的砖雕实脊只出现在建造较早的几座四合院里的建筑上（图4-52、图4-53）。如 F-(7) 院两厢房南端之间的隔墙以及二门以砖雕图案装饰。

图 4-52　花瓦脊

图 4-53 砖雕实脊

除了屋脊上的砖雕以外，赵沟村还有一处二门门楼的门头及顶部屋脊也用花卉、人物图案砖雕进行装饰（图4-54、图4-55）。

图 4-54　门头砖雕

图 4-55　门楼屋脊砖雕

(二) 木构件

1. 门簪

门簪是中国传统建筑门上的一种连接构件，安在门槛之上，起到将连楹固定在门框上的作用，兼有装饰功能，类似于古代女子的发簪，所以被称为"门簪"。门簪一般成对使用，也有用四个的情况。赵沟村常见的门簪有简易型（图4-56）、方形（图4-57）、圆形（图4-58）、八边形（图4-59）、蝶形（图4-60）、十字形（图4-61）等样式。

图 4-56　简易型门簪

图 4-57　方形门簪

图 4-58　圆形门簪

图 4-59　八边形门簪

图 4-60 蝶形门簪

图 4-61 十字形门簪

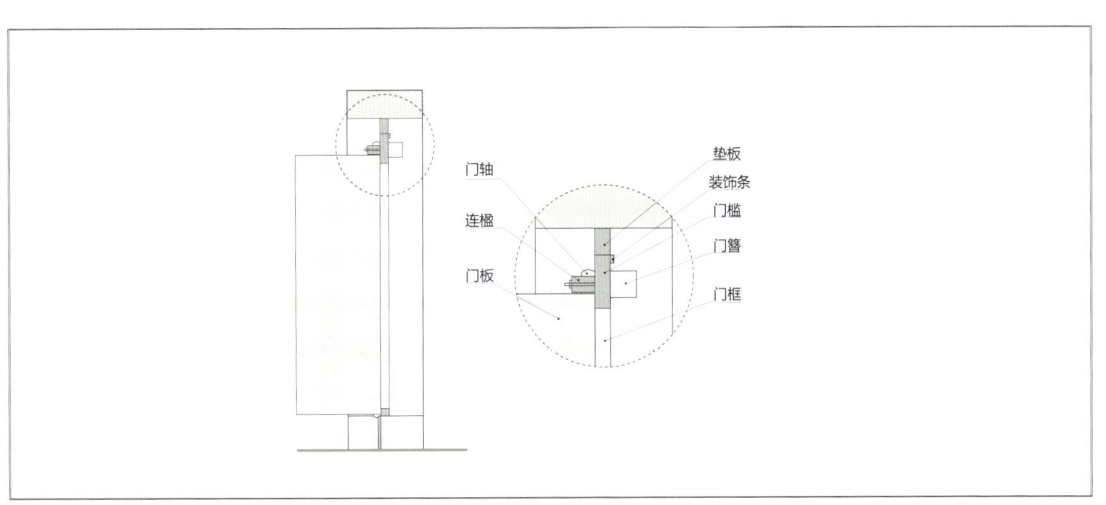

图 4-62 门簪结构示意图

连楹用门簪固定在门槛上,不是用铁钉,而是用门簪的长榫穿过门槛和连楹,在榫头的尾部紧贴连楹外皮,使用别簪(小木楔)插紧背实(图4-62)。

门簪不仅具有实用功能,有些还雕刻精美、制作精良,饰以花纹图案(图4-63至图4-68)。全村的门簪形态与图案造型多样、别致,除了造型最为简单的方形、圆形以外,几乎找不到雕刻样式完全相同的一对。

图 4-63　方形雕花门簪

图 4-65　圆形雕花门簪

图 4-64　方形雕花门簪

图 4-66　圆形雕花门簪

图 4-67　方形雕圆花门簪

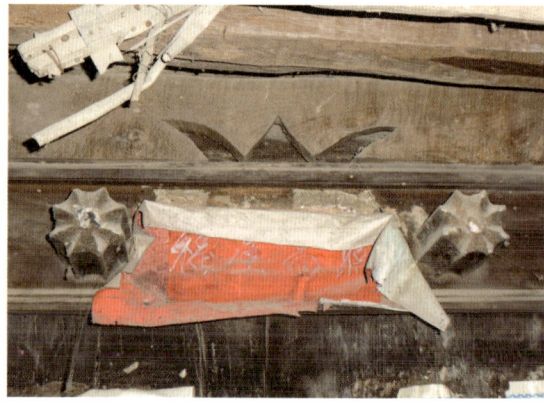

图 4-68　八边形雕花门簪

2. 窗

赵沟村传统民居中常见的窗有可开启的窗和不可开启的窗两种。

可开启的窗有双扇四抹头窗和双扇六抹头窗两种。双扇四抹头窗会在窗格心点缀成寓意吉祥的棂花图案，每扇窗的上、下两块绦环板以及裙板处也都饰以吉祥寓意装饰纹样的木刻浮雕（图4-69）。双扇六抹头窗会在每扇窗的上、中、下三块绦环板以及裙板处饰以木雕（图4-70）。

不可开启的窗为单扇的固定窗，主要起通风和透光作用，常作为厢房的窗户及上房、南屋二层的亮窗使用。其中一种一码三箭单扇固定窗，三根横棂条为一组，共三组，分别与直棂条的上、中、下三处相交而组成几何图案，常作为厢房的窗户（图4-71）。还有一种斜方格纹的单扇固定窗，由两斜棂相交后组成的一幅菱格形图案，常作为上房、南屋二层的亮窗使用（图4-72）。

图4-69 双扇四抹头窗

图 4-70 双扇六抹头窗

图 4-71 一码三箭单扇固定窗　　图 4-72 斜方格纹单扇固定窗

3. 木隔墙

木隔墙是室内作为分隔用的装修，在室内进深方向柱间由大柁和木板构成。赵沟村的木隔墙一般是木立柱分割成若干块，做成完全隔绝的板壁（图4-73），也有的用木立柱分割成若干块后上半部分用棂条拼接组合成装饰图案，上半部分通透，下半部分装木板封闭墙壁，形成半通透的木隔墙（图4-74）。据说以前赵沟村的上房、南屋以及一部分厢房的室内主要用这样的木隔墙来进行室内空间的分隔，后来出现用砖或土坯来进行室内分隔的情况。

（三）石构件

1. 柱础

柱础是中国传统建筑构件的一种，俗称柱础石，它是承受屋柱压力的垫基石。传统建筑中人们为使落地木柱不潮湿腐烂，在柱脚下添加一

图4-73 不通透木隔墙

图4-74 半通透木隔墙

块石墩，就使柱脚与地坪隔离，起到防潮作用，同时又加强柱基的承压力。因此凡是木构架结构的房屋不可或缺都有柱础。

柱础是赵沟村最普遍最常见的建筑构件之一，也是赵沟村不多见的装饰构件之一。村里最为常见的是形态、尺存略有不同的鼓状柱础（图4-75），简洁朴素但给人厚重安稳的印象。

也有一些建筑，出檐相对较小，下雨时为了保护木柱而将柱础在石鼓状的基础上加高，以应对溦雨或雨水的飞溅对木柱的侵蚀（图4-76）。

图 4-75　鼓状柱础

图 4-76　加高的柱础

2. 门墩

中国传统建筑的大门底部，起到支撑门框门轴作用的构件，整体称门枕石，门外部分称为门墩。门枕石中间有一个槽用于支撑门框，门内部分有一海窝用于插入门纂（门轴的下端），与固定在门槛上的连楹一起起到固定门轴的作用。门墩上通常雕刻有传统的吉祥图案，大户人家的石制门墩常常伸出门外，雕成狮子等各种形状。

赵沟村传统民居中的门墩以石质为主，也有少许木质门墩存在。石质门墩相对朴素，没有太复杂的雕刻，内容也基本上以花卉图案为主（图4-77）。木质门墩更是完全没有任何装饰，仅仅满足功能需要（图4-78）。

图 4-77　石质门墩

图 4-78　木质门墩

（四）壁龛

赵沟村几乎家家都供奉有关公与土地爷。传统院落中可见的供奉关公与土地爷的壁龛虽大多朴实无华，但确是宅院中重要的存在。

1. 关公壁龛

赵沟村传统民居中居民用来供奉关公的壁龛往往设在整个院落中的最核心建筑里。一般是在上房正中一间室内正面墙上开一个较大壁龛，用来供奉关公。前面也会先摆放条几，再在条几前面摆放八仙桌，两侧摆放圈椅等家具。从供奉关公壁龛在院落以及建筑中所处的位置，足可见关公在人们心目中的位置，但关公壁龛大都是用砖砌筑框架，没有太多的装饰。村内仅见一例,在砖砌筑的框架内有安置了雕刻精美的木质建筑装饰构件(图4-79)。

2. 土地壁龛

土地爷是中国古代传说中掌管一方土地的神仙,又称土地神、土地公公。老百姓靠地吃饭,土地爷是家家必不可少供奉的神灵之一。

河南传统民居中常见面对院落大门的厢房山墙,一般都会在对着大门的位置开一孔壁龛,用来供奉土地爷。赵沟村传统民居中用来供奉土地爷的壁龛一般在上房的房门与一侧的窗户之间。村里也有一些住有兄弟两户人家的院落,兄住上房弟住南屋,除了上房屋门与一侧的窗户之间开壁龛供奉土地爷以外,南屋正中一间的屋门与一侧窗户之间也会开一孔壁龛用来供奉土地爷。

图 4-79　木质建筑装饰构件的关公壁龛

赵沟村的土地壁龛大都是用砖砌筑简单的框架，个别的会用砖雕塑造一定的样式（图4-80），其余大都没有太多的装饰，只用一些简单的线条与图案装饰（图4-81）。

图4-80　土地壁龛　　　　　　　　图4-81　土地壁龛

第五章 景观环境

一、山

赵沟村地处东崤山的深山区,东、西、南三面环山,主要有笔架山、书山、老君山、香炉山等。笔架山位于村南1千米处,因三座山头中间高两边低,形似笔架而得名。书山则层层岩石犹如书本叠摞。山间枝条藤蔓交错,花草红绿相映,织就一道天然屏障(图5-1至图5-3)。

图5-1　站在笔架山下远眺赵沟村

图 5-2　远眺笔架山

二、水（沟）

过去人们在村落选址的时候多在有水源的地方，以利于取水、养殖等。

图 5-3　远山

　　赵沟村位于仰韶大峡谷内，水资源丰富，附近的山沟里多有山溪流出，不仅满足人们的生产生活需要，而且不同的季节更是展现出不同的韵味（图5-4至图5-10）。

图 5-4 春天的山溪

图 5-5 夏季的河沟

图 5-6 秋季的河沟

图 5-7　冬季的河沟

图 5-8　冬季的河沟

图 5-9　河沟对岸的村庄

图 5-10　冬季河沟边的竹林

三、古泉

赵沟村有两处古泉,一处位于村南地势较高的地方,名叫上堂泉,也被称作南水泉;一处位于村北地势相对较低的地方,名叫下堂泉,和村南的上堂泉呼应,但更常被称作镜泉。

(一)上堂泉(南水泉)

上堂泉位于村子南头赵沟河东岸紧挨着小河边缓缓坡地中的一小块台地处。泉眼用几块大石板拼接砌筑而成,泉眼口直径大约0.6米,旁边还有一块稍大的石板,不从泉中取水时还可以把泉眼口盖住,以防止人畜及异物落入(图5-11)。泉水水面离泉眼口仅0.2~0.3米,泉水伸

图 5-11　上堂泉的石盖子

手可触。水流的下方被分隔出三个水池，两小一大（图5-12）。从泉眼里流出的水先流入两个小池，两个小池均宽0.9米，进深同为1.4米，中间留有0.5米宽的步道。两个小池的水又流入宽2.4米、进深1.5米的大池。人们以前在小池里洗蔬菜瓜果等，在大池里洗衣服等。最后流出的水又汇入小河顺流而下。上堂泉出水量相对较小，后来村里通了自来水以后，这里已经很少使用了。

图 5-12　上堂泉的三个水池

（二）下堂泉（镜泉）

赵沟村奶奶庙前的下堂泉是一个充满神秘色彩的古泉。在奶奶庙前殿大门的正前方有一个三角形水池，古泉就位于池中。整个泉眼是在一块大石板上开凿出来的，泉眼口直径约0.7米，至水面约0.3～0.4米，至泉眼底部深约1米，泉水源源不断从泉眼口内部侧面的孔洞流出，常年不衰，雨季不多，旱季不少。从泉口俯视内部，泉口映射在水面上如圆镜，因此人们也称其为"镜泉"。树影倒映水底，泉内小鱼悠闲自得。传说曾有人误将泉中小鱼随泉水一同取出，生火做饭时泉水在锅中久煮不开，后来发现锅里有泉中小鱼，就赶紧将小鱼送回泉中，水就烧开了。

以前奶奶庙年久失修坍塌后，下堂泉水也曾断流过，后来人们修复了奶奶庙，泉水才得以复流。小鱼的传说难以考证，但奶奶庙坍塌泉水断流确是事实。大致可推断，下堂泉紧邻奶奶庙的台基，泉水经奶奶庙台基下的水道流通，或许是建筑坍塌后，地基挤占泉水通道而导致的泉水断流吧。

庙前用石头围砌成的三角形水池里，用石条围合垒砌而成的长方形小池一层层围合泉眼，各级有一定落差，泉水流出时由里至外逐级流下（图5-13）。

人们通过高差来划分使用区域。最临近下堂泉泉眼的地方是水位最高、水最清澈的地方，这里是"洗菜池"，人们在此洗瓜果、蔬菜等，清洗可直接入口的食物。洗菜池往东是两个连着的长方形池，这里是"洗麦池"，第一个最为常用，第二个不太常用。洗菜池的水一部分流到这里，村民们在这里将小麦、玉米之类的谷物进行清洗，剔除杂物，之后晾干磨粉用。最后，洗麦池的水又汇入东北处较大的"洗浴池"。

洗菜池的北边，是连着的两个"洗衣池"，一部分洗菜池的水流到这里，人们在这里洗衣服。

洗衣池的水流出来也汇入较大的"洗浴池"，夏天人们在这里纳凉消暑，劳作之后洗去身上的汗水污垢。最外围是"饮牲口池"，牲畜在这里喝水。以前人们洗衣服从不用化学洗涤剂，而是用棒槌敲击清洗（图5-14），对环境没有污染，也不影响牲畜的饮用。

最后，泉水从出水口流出，而后顺石渠流入东边的河流。赵沟村村

第五章 景观环境

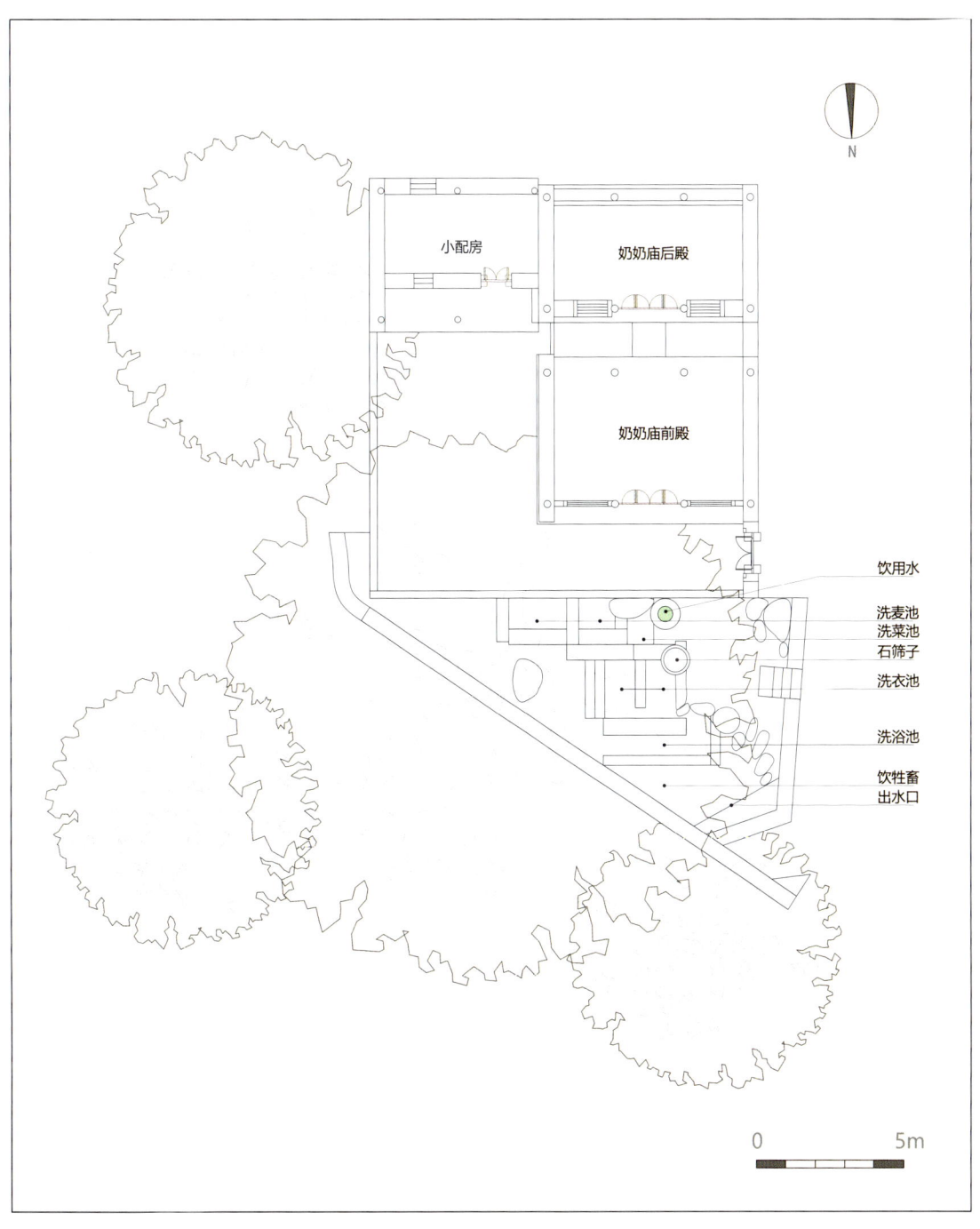

图 5-13 下堂泉平面图

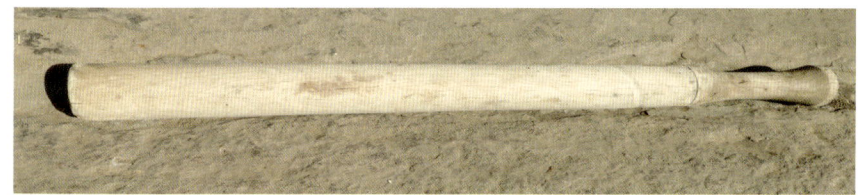

图 5-14　洗衣用的棒槌

民这样分类用水的做法充分显现出先民的智慧。赵沟村现在已经装上了自来水，村民已不必每日专门来此取饮用水，但每天仍有不少村民习惯地到泉边挑水、淘米、洗菜、洗衣服等，泉中仍然常可看见小鱼游动。古泉孕育了这些生命，也孕育了赵沟古村。

据说下堂泉水富含铁元素，口感甘甜，不仅有不少村民会来取水饮用，也常有三门峡市、洛阳市等地的访客专门来取水用于泡茶。

炎炎夏日，临近下堂泉便能感到一丝清凉，将瓜果、饮料浸泡在泉水里一会儿取出食用，三五口下肚，顿感暑气全消。在烈日炎炎的日子里，户外劳作之余，村民们到泉水边纳凉休憩，用清凉的泉水消去身上的燥热，洗去身上的污垢及疲惫。孩子们也会惬意地泡在清凉的泉水中嬉戏玩耍，寻找小鱼小虾，乐此不疲（图5-15、图5-16）。这样的画面已成为许多村民美好的儿时记忆。

下堂泉的南边有个直径约1米的圆形石制筛子，村民叫它"石筛子"。石筛子朝着洗衣池的方向开有一小圆孔，使用时把小孔堵上，从泉中取水转身就可把水倒入其中，然后把要清洗的麦子、玉米、豆类等粮食在此洗净后，拔出堵塞物打开小孔便可放出脏水，方便、实用。

石筛子口径大，容量大，村民最常用它来过红薯粉。村民把红薯洗净，然后打碎成糊状的红薯浆水，用桶装着带到下堂泉。在石筛子上放一个专用的木支架，支起一个口径较大的细目箩，把磨好的红薯浆水倒

图 5-15 在下堂泉里冰镇瓜果

图 5-16 下堂泉的饮用水口

入箩中，从泉里取清水倒入箩中冲洗，清水伴着细浆水漏到石筛子里，就将红薯的粗纤维、杂质等过滤出来。在石筛子的出水孔上插上一根带有阀门的管子，用于收集细浆水。

打开连接在石筛子出水口管子上的阀门，通过水管把过滤好的细浆水灌到桶里，挑回家再盛到大一点的缸里，经过两三天的沉淀，倒出上层的水，把剩下的淀粉晾干，红薯粉就制作完成。做好的红薯粉利于保存，可随时用来制作粉条、凉粉等。

我们曾遇到过几位慕传统村落之名而来的访客，来到下堂泉前，读着说明牌，好奇地指点着用石条分隔出的水池，赞叹古人的智慧。正巧有一户村民来泉边洗花生，一人将花生倒入石筛子，一人从泉中取水，另一人搅拌、筛淘剔除杂物，淳朴的农家生活展现在人们眼前。大家纷纷拿出相机拍下这生动的一幕（图5-17）。

四、巷道

赵沟村坐落于群山怀抱之中，村北仅有一条进出村庄的道路，路面仅容一辆小汽车通过。车辆沿着赵沟河西侧的道路只能行至奶奶庙西侧、古槐树下的平台处。平台整体由石材砌筑，石板铺面（图5-18）。

走到古槐树下，向右（西）转就进入村内。赵沟村的传统建筑和院落之间、村落的边缘与河沟之间形成多条巷道，纵横交错、蜿蜒迂回、曲径通幽，是赵沟村的一大特色。巷道里，依据略有高差的地形筑台基，两侧的传统建筑以石材、青砖、土坯搭配而造，院落围墙以石材砌筑，

图 5-17　三人协作洗花生

图 5-18 石板铺设的地面

巷道与环境呼应,铺设青石台阶,辅以卵石搭配碎石铺面(图5-19)。

　　传统建筑、石围墙、石台基、石板铺地的巷道空间、点缀其间的石制器物,与河沟、山林环境完美融合在一起,整个村落仿佛就像是从大山里长出来的石头村落。

图 5-19 村子里的巷道

五、植物及菌类

赵沟村有不少的古槐树、古柿树，此外，还有花椒树、核桃树、桃树、杏树、竹子、黄栌、栎树等，具有较强的观赏性。春季山花烂漫，夏季郁郁葱葱，秋季红叶黄果漫山遍野，构成一幅天然的图画。最为引人注目的便是几棵古槐和古柿子树了。

图 5-20　冬季的古槐 1

赵沟村有一棵斑驳嶙峋、虬枝盘旋的古槐,高10米,冠幅12米,树围4.5米,要4人才能合抱,据传树龄已有2600多年。另有传言说是宋末元初赵沟村第一代宗亲赵嗣荣来此落户生根时就已存在。这棵古槐历经沧桑,树干已中空,但依旧枝繁叶茂,顶如华盖,向世人展示不屈的韧性和生命的奇迹,成为赵沟村最重要的标志性景观。据村民讲述,这棵大树底下能容下一个生产队的一百多号人在此乘凉。古树年年花开花落,生机盎然,见证了四季更替、时代变迁。村民对这棵树怀有很深的感情,称之为"神树",树前放有香炉,经常有人来此许愿(图5-20、图5-21)。

另外还有几棵比较古老的槐树,大都生长在临近赵沟河的地方(图5-22至图5-26)。

图5-21 夏季的古槐1

图 5-22　古槐 2

图 5-23 冬季的古槐 3

图 5-24　冬季的古槐 4

图 5-25　夏季的古槐 4

图 5-26　古槐 5　　　　图 5-27　古柿子树

　　古柿子树高大挺拔，到了秋天硕果累累。到了冬天树叶落尽，熟透的柿子像一盏盏红灯笼，为村落营造了一份喜悦、甜蜜的氛围(图5-27)。

　　丰富的植物资源不仅构成了优美的传统村落景观环境，还是与人们的生产生活有着直接或者间接关系的重要物资。赵沟村有以下较为常见的植物资源。

（一）野菊花

秋季山坡上、道路旁漫山遍野的野菊花，不仅装扮了秋日的村庄，还是村民饮茶的佳选，常饮野菊花茶有诸多益处。村民们多选取含苞待放的花骨朵或尚未完全绽放的花朵采摘（图5-28），在蒸笼上蒸后自然风干，用于往后一年中的日常茶饮，可以避暑消热、预防感冒。据《本草纲目》记载："（野菊）气味苦辛，温，有小毒。主治调中止泄，破血，妇人腹内宿血宜之。治痈肿疔毒瘰疬眼瘜。"[1]

图5-28　村民家中采摘的野菊花

另外，用野菊花填充枕头有助睡眠。民谚有云："菊枕常年置头下，老来身轻眼不花。"

---

[1]　李时珍：《本草纲目》（校点本）第二册，人民卫生出版社，1977，第933页。

（二）山楂

山楂也称山里红，果实红色，味酸稍甜，既可鲜食也可加工成山楂片、山楂糕、山楂酱、山楂罐头及山楂饮料等，还是制作冰糖葫芦的好材料。三门峡市的丘陵山区山楂种植较为广泛，是当地的特色之一。山楂有开胃、健脾、消积、活血、散淤、助消化的功效。山楂成熟以后，村民会采集来切成片晒干，用开水冲泡既可饮用，是日常最为便捷的开胃消食用茶品（图5-29、图5-30）。近几年，村里还引进了新的山楂品种，并且有人专门来收购山楂，销售山楂已成为一种新的经济来源。

赵沟村周边的山上还生长着一种野山楂，村民们会采摘野山楂切成片后晒干，用的时候把干野山楂片煮水，用来利消食、化积食（图5-31）。还会把干的野山楂片先干炒一下，然后和空心萝卜（糠萝卜）一起煮水用来治疗痢疾。

图 5-29　山楂　　　　　　　　图 5-30　晾晒山楂

图 5-31 野山楂

图 5-32 刚采摘的野葡萄

（三）野葡萄

野葡萄生长在荒野中，茎、叶及果实都像家葡萄，但都较小，果实也比较稀疏，味酸，可食用或酿酒（图5-32）。

农历八月十五过后，山上的野葡萄成熟，村民们采摘来，挑去青涩未成熟的果实，按十斤葡萄配三斤白糖的比例，将洗净晾干的野葡萄与白糖分层交错放入密封的瓶中，经历少则二十日多则一个月的发酵，自制出野葡萄酒。

（四）牛心柿

牛心柿又名仰韶柿，个大、肉细、汁多、味甜、无核或少核，因其状如牛心，故称牛心柿。用牛心柿制作的柿饼甜度大、纤维少、质地软，

图 5-33　后墙屋檐下晾晒的柿子　　　　　图 5-34　削下的柿子皮

吃起来香甜可口,在清代曾作为贡品进奉朝廷。[1] 2010年,渑池县牛心柿被确认为国家农产品地理标志产品。

目前赵沟村还有数棵百年以上的柿子树,周边上千亩柿林分布在河谷及山坡。柿子基本成熟后可用温水浸泡去除生涩味后食用,人们称之为漤(lǎn)柿。也可稍事存放等其完全变软或是在树上完全成熟变软后再采摘食用,人们称完成变软的柿子为烘柿。还可以制成柿饼食用。村里现在还保留着传统的晒柿习俗,将柿子削皮串起来挂在向阳的墙上晾晒加工柿饼,一直是秋季村落里一道亮丽的风景。削下的柿子皮也不浪费,村民们会将其晒干后磨成粉,将柿子皮粉和面粉掺在一起做花卷、馒头等(图5-33、图5-34)。

---

[1] 吕国法:《三门峡市农村名优特产》,中原农民出版社,1991,第6页。

(五)蒲公英

山林里、草地上、田地间到处都能看到蒲公英的身影。4月以后,蒲公英的小黄花在阳光灿烂的日子格外显眼,种子上有白色冠毛结成的绒球,成熟后随风漫天飞舞,使整个山野都变得生机勃勃。

蒲公英有清热解毒、祛火的功效,是一种很好的野生蔬菜,只需用清水洗净,加入调料,即可食用(图5-35)。

图 5-35 凉拌蒲公英

(六)花椒

赵沟村周边的山上有许多花椒树,结的花椒味道浓郁,但果实相对较小、产量低。近十几年来,村里引进了果实大、产量高、颜色更为鲜红的品种,种植面积不断扩大,销售花椒已成为现阶段村民主要的经济收入之一。每年的七月底八月初是花椒成熟的季节,花椒树上挂满了鲜红的花椒果,村落里道路边、宅前屋后的空地上也随处可见晾晒的花椒(图5-36)。

图 5-36 村民晾晒的花椒

（七）紫荆

紫荆是较为常见的观赏植物，然而在豫西地区调查时却发现其与山里村民的生活有着密切的关系。

大山里经常会看见村民家的屋檐下或是厨房前挂着一串串的干紫荆叶，村民称其为"蒸馍叶"。蒸馍时用清水将叶子泡软作为"笼布"，馒头不会粘底，而且可以反复用2～3次，最后不能用了还可以烧火或者扔到地里当肥料，方便环保。很多村民都会在夏秋季节树叶最为壮硕的时候采集足够用到来年的叶子晾干备用（图5-37、图5-38）。

图 5-37　紫荆　　　　图 5-38　成串的蒸馍叶

（八）黄栌

黄栌属于落叶灌木，树冠圆形或伞形，树体高达3～5米，叶圆形，木材为黄色，树皮为暗灰色，性喜光也耐半阴，在山上的阳坡及半阴坡上常可以见到，耐寒耐干旱，耐瘠薄和碱性土壤，根系发达、萌蘖性强、生长快，属速生树种。[1]深秋满树通红，艳丽无比，是北方秋季重要的观叶树种。在春季黄栌发芽前到山上找经多年砍伐或是被牲畜啃咬过的枝干扭曲的黄栌，制作成盆景放入室内观赏，别有一番情趣。

如前文所讲，黄栌与赵沟村传统民居有着更为密切的关系，赵沟村传统民居中用黄栌制作"贯"来用于"挂椽"。村民上山砍柴或是放牛的时候，就会采集一些黄栌的枝条带回家备用。

（九）连翘

赵沟村沟上沟下遍布连翘。连翘也是居民生活中比较常用的一种中药，可清热解毒。秋季果实初熟尚带绿色时采收，除去杂质晒干（图5-39）。以前村民会将晒干的去除种子的连翘果壳与金银花、柴胡一起熬水喝来治疗感冒。

（十）夏枯草

夏枯草适应性强，生长在山沟湿地或河岸两旁的草丛中、荒地里、道路旁。据村民讲，夏枯草之所以名为夏枯，就是因为它在冬季生长，

---

[1] 安福全编著《常见观赏灌木的特征与用途》，云南大学出版社，2015，第5页。

图 5-39　连翘的果实

进入夏季时就会枯萎,有祛火、消炎的功效,用夏枯草煮水喝可治疗咽炎。上山砍柴或是放牛的时候,村民就会顺手采集一些,带回来晾干后储存备用(图5-40)。

(十一)茵陈

茵陈在赵沟村山上山下随处可见。村民说茵陈也是有祛火、消炎、治疗感冒的功效,也常会采集一些放在家里备用(图5-41)。茵陈还有养肝护肝的功能,常用茵陈泡水给酒后的人喝。

图 5-40　夏枯草

图 5-41　茵陈

（十二）艾

艾是在中国传统文化中蕴含着丰富知识和内涵的一种元素。人们不仅用它祈福，而且可用来解除病痛。[1]在端午节的时候将其插在门旁，希望家人幸福和睦，寓意家庭在来年的财运更好，同时寄托驱邪护宅的愿望。

端午节前后是最佳的采摘时节，此时的艾品质最好，气味与药效最佳（图5-42）。村民说艾有安眠的功效，把艾放在枕边可以促进睡眠。据说以前有人认为艾叶煮鸡蛋有安胎的功效，对胎动不安有良好的效果，不过现在很少有人用这个方法了。另外，身上起疙瘩时点燃艾叶用其产生的烟熏，或用艾叶泡水擦洗就会很快治愈，这样的方法至今还比较常用。

图5-42　晾干的艾

---

[1]　向阳、向云飞编著《灸者健康之灸治百病》，中国医药科技出版社，2014，第2—3页。

(十三) 乌头

以前村民并不太清楚乌头的药用功效,也没有村民直接使用过它,后来有中草药商人来山里收购乌头,渐渐地村民在上山砍柴、放牛或农闲时会采集乌头并按照中草药商人叮嘱的要求晒干储存以供药商收购,可以或多或少地贴补一点生活(图5-43、图5-44)。

图 5-43 乌头　　　　　　　　　　　图 5-44 乌头根

(十四) 香椿

香椿为楝科香椿属植物,全国各地均有分布。椿芽营养丰富,并具有食疗作用。香椿子就是香椿的种子,异名椿树子、香椿铃、香铃子。[1]

---

[1] 南京中医药大学编著《中药大辞典(第2版)》下册,上海科学技术出版社,2014,第2042页。

蒴果长椭圆形或倒卵形，长约2.5厘米，成熟时五角状的中轴分离为五个裂片，种子具翅，种翅生于种子上方，利于随风传播。

据资料显示，香椿子性温，味辛苦。归肝、肺经。祛风、散寒、止痛。主治外感风寒、胃痛、疝气、胃溃疡、十二指肠溃疡、心胃痛、风湿性关节炎。[1]

村民也会收集香椿子，卖给那些需要的人们（图5-45）。

图 5-45　香椿子

（十五）野生木耳

野生木耳多生于山上栎、榆、杨、柳、桑等阔叶树的树桩或朽木上。木耳不仅好吃，而且营养丰富，蛋白质的含量高，药用价值也很高。村

---

[1] 李冈荣编著《800种中草药彩色图鉴》，福建科学技术出版社，2017，第420页。

民在上山采药、放牛、砍柴时便会顺便采摘来，简单晾晒便可长期保存（图5-46）。

图 5-46　木材上生出的木耳

第六章　赵沟村的生活风景

赵沟村的一些传统民居院落中仍保存着一些传统的家具、工具和农具，这些都与居民的生产生活息息相关，与传统建筑一起承载并延续着赵沟村活态的生产生活记忆。

一、家具

（一）桌

1. 八仙桌

方桌是桌面为正方形的桌子，其中尺寸大可以围着坐八个人的叫"八仙桌"。方桌是家中必备的家具，一般在堂屋室内居中安置，两边配置两把圈椅或靠背椅。我们所见的八仙桌，桌边框较厚，直桌腿无收分，桌面下随两边条，另有桌角下沿角上装一小块牙板，与其他两牙板成135°角，三个方向的桌牙同时装在一条腿上，共同支撑桌面。与明式家具中"一腿三牙式"方桌的结构相似（图6-1），还有的牙板下还带有一根罗锅枨（图6-2）。

2. 橱桌（闷户橱）

橱桌是桌案与柜的结合体，一般认为橱桌比柜小些，宽大于高，顶部采用面板结构，既可当桌案摆放物件，又可存放物品。

图 6-1　八仙桌　　　　　　　　　　　　　　图 6-2　牙板下带有罗锅枨的八仙桌

　　橱桌的抽屉下设有"闷仓"（即暗仓），故又名"闷户橱"。取放物品要将抽屉拉出才行，有较好的隐秘性。闷户橱一般按抽屉的数量来命名，两个抽屉的叫"联二橱"，三个抽屉的叫"三联橱"。闷户橱是河南民间最常见到的家具之一。赵沟村常见到的闷户橱有两种形式，一种是只有在抽屉下设了闷仓，闷仓以下空间没有利用（图6-3）；另一种是除了在抽屉下设闷仓，闷仓以下空间又设计成一个大的柜体，正面安柜门（图6-4）。在过去，传统的八仙桌是放在上房正中一间规格比较高的家具，一般一家只有一张，并不多见。分家后没有分到八仙桌的家庭也常会用橱桌代替八仙桌放在屋子正中一间的中央，关公壁龛的前面，两侧再摆放两把椅子。

图 6-3　橱桌　　　　　　　　　　　　　　　　图 6-4　橱桌

（二）椅

1. 圈椅

圈椅是扶手椅的一种变体形式。靠背的搭脑呈圆滑的弧形，自高向低与两扶手相连成圈形。出头的扶手在端头向两侧微微扩张，呈现出外张内敛的弧形，靠背板向后凹曲。人坐上去两臂正好搭在弧形的扶手上，既可以得到充分的放松，也不失端庄。因此，圈椅可以设置于厅堂之上，用于比较正式的场合。

我们在赵沟村民居中看到的圈椅，扶手两端也出头向外微微扩张，形态圆润，线条流畅，与搭脑构件自然连接成圈，椅圈形如马蹄状，靠背向后弯曲形成倾角。座面与椅腿的结构与传统的圈椅截然不同，椅腿是一根整木用火炙使木材弯曲，形成"n"字形三段的前后椅腿和座面结构，两个一对，上面由横枨连接形成座面的骨架，中间填入木板形成座面。前后椅腿各有一根横枨连接，两侧各有两根横枨连接，前面的一根最低，利于足踏。圆圈的扶手部分与座面各有两根立柱连接，搭脑部分与座面部分也有两个斜立柱连接（图6-5），有的中间还加一块木板作为靠背板（图6-6）。赵沟村的圈椅也是用在上房这样正式的空间，两把一对分列于八仙桌两侧。

图 6-5　圈椅　　　　　　　图 6-6　圈椅

2. 靠背椅

靠背椅是只有靠背而没有扶手的椅子，靠背由搭脑、与两根后腿一木连作的立柱及中间的靠背板构成。赵沟村民居中靠背椅并不多见，仅看到几把相对完好的。靠背椅的靠背板弧度柔和自然，适合人脊柱的曲线，一共有六根横枨，前后各一根，两侧各两根，前面的一根最低，利于足踏。这样的靠背椅原先也是用在上房这样正式的场合，两把一对分列于八仙桌两侧（图6-7）。

另外还见到一把形态相对独特、带扶手的靠背椅（图6-8）。座面与椅腿的结构与前述圈椅的做法相同，座面两侧各有两根立柱各自支撑一根与搭脑相连的扶手，扶手弧度自然流畅，把手高度适宜，微微张开，

图 6-7　靠背椅　　　　　图 6-8　有扶手的靠背椅

便于就座也便于两臂与双手搭放。搭脑中间部分与座面部分也有两个斜立柱连接，中间还加有一小块靠背板。这样造型的椅子，在豫西地区的民居调查中也未曾见过。

（三）柜子

在赵沟村见到的柜子结构大致相似，柜顶有柜帽，一般由横枨将柜体分成上下小、中间大的三部分。最上面部分由两根短柱分隔成三块，装三块面板，面板不能打开。中间部分分为大小相近的四块，中间两块为两扇门，中间两块与两边两块之间由立柱分隔，两边的角柱与立柱间装两块面板,面板不能打开。门边上下两头有伸出的门轴,门轴插入臼窝,柜门就可以旋转开启闭合。最下面部分依据柜子的大小,由一根或两根短柱分隔成两块或三块,做成抽屉。

柜子除了放置物品以外,还常被用来作分隔空间的隔断之用。小一点的柜子上面还可以摆放物品(图6-9)。

(四)箱子

箱子一般用来收藏物品、存储衣物,是居室中最为重要的家具之一。赵沟村民居中的箱子是我们见到的比较有意思的一种家具。与常见的两边装配提环、便于移动的箱子不同,在赵沟村见到的箱子体型较大不便于移动,一般箱体的下面还连体制作了储物空间。箱子的盖子向上开启,箱子下面的空间平行开启。箱子下面空间有做成抽屉的(图6-10),有做成双扇门的(图6-11),还有一种外观上看像是箱子放在了一个矮柜上的(图6-12、图6-13),灵活多样。

图6-9　柜子

图 6-10　箱子　　　　　　　　　　　图 6-11　箱子

图 6-12　箱子　　　　　　　　　　　图 6-13　箱子

在调查中见到有一家屋里摆放了三个新旧程度、样式略有不同的箱子，女主人（60岁左右）介绍说，最新的是自己嫁到赵家时的陪嫁，次新是自己的婆婆嫁到赵家时的陪嫁，最古老的是自己婆婆的婆婆嫁到赵家的陪嫁。三代赵家"儿媳"的陪嫁家具同时摆放在一栋房子里，有一种时空交错的感觉。

（五）脸盆架

图6-14 脸盆架

脸盆架是用于放置洗脸盆的家具，在河南农村中较为常见，一般摆放在大门内的一侧，便于出门洗脸和进门洗手。脸盆架分高、矮两种。矮的脸盆架大多单纯放洗脸盆，高脸盆架是洗面巾架和盆架的结合。在赵沟村见到的高脸盆架为六足，最里面的两足和挂洗面巾的立柱连作成为巾架，中间雕有装饰图案，装饰图案上面留有装镜子的空间，最上面的横档用来挂洗面巾，两端出挑雕有吉祥装饰（图6-14）。

（六）条凳

赵沟村可以见到的传统条凳不多，条凳一般用硬杂木制作，独板凳面，凳面窄长，凳面下装有牙板，四足有侧脚，可供两人同坐。两端的两足间各有两根横枨连接（图6-15）。条凳在赵沟村比较常见，使用也比较广泛，现代的条凳一般都省去了牙板，其他方面与传统条凳没有太大的差别。

二、生产生活工具

人们利用大自然提供的物质资源，根据生产生活的实际需要，充分利用、发挥材质的特性，制作出丰富多样的工具，这些工具与村民的生产生活息息相关，处处展示着传统农耕生活的信息与历史记忆，体现着劳动人民的智慧。

图 6-15　条凳

(一) 犁

犁在古代称为耒、耜,是耕地时的主要工具。河南民间耕田使用的犁名为"步犁",又称"猪夯""曲辕木犁",主要由犁辕、犁面、犁铧、犁管（犁把）组成。犁地时,一般用牛、马、驴或人力牵引。[1]

赵沟村常见的即是步犁（图6-16）。犁辕是一根弯曲的生铁打制的铁条,后段扁平有个大弯曲,穿过犁身,其端头跟犁底相连接；前段细长较直,端头有挂钩。犁辕穿过犁身与其接触的地方上下各楔一个木楔,控制犁地的深浅。要想犁得浅就把上面的楔子楔紧一些,要想犁得深就把下面的楔子楔紧一些。犁辕的前端有个挂钩,用来钩住前面套牛的绳索。犁身

图 6-16　犁

---

[1] 甘肃省古籍文献整理编译中心编《中国民俗知识·河南民俗》,甘肃人民出版社,2008,第8页。

上端的犁把当地叫作犁管（拐儿），用来管控犁的平衡。犁身下端连接犁底。犁铧套在犁底前端，钻入土中将土翻出。犁面是用生铁铸成的光滑铁板，在深耕时利用其光滑的斜面将犁起来的泥土翻到一边，这是深翻土地的关键。犁面也可以根据需要将翻出来的泥土导向左边或右边。

这样的犁是用两头牛来拉的，拉犁的牛要用绳索套住（图6-17）。绳索最前面的牛索头是用一根弯弯的硬质木料做成，两头打上孔、穿上麻绳，然后连接到后面的套杆上。套杆中间有个圆环，圆环上有个挂扣，是用来连接犁辕前面挂钩用的。圆环的左右各固定一头牛的绳索，这样两头牛拉的时候正好使位于中心的圆环位置受力均匀。圆环的位置也可以左右移动一个档位，如果两头牛力量不一样时，就调节圆环位置。左边力气大时，就把圆环移动到左边档，右边力气大时就移动到右边档，利用杠杆原理使套杆受力平衡。干活的时候还要给牛嘴上戴上笼嘴，防止牛在犁地时低头吃东西。

现在村民们已经用上小型的手扶拖拉机，这样的犁大约在十年前已不再使用，如今只静静地躺在院落的角落里。

图6-17 拉犁的绳索

（二）耧车

耧车是一种播种用的传统农具，前面由人或者牲畜拉着，后面人把扶着，可以同时完成开沟、播种和覆土工作。耧车由耧架、耧斗、耧腿、耧铲等构成。有一腿耧至七腿耧多种，可播种大麦、小麦、大豆、高粱等。现在村里常见到的是三腿耧车，耧斗里面装上种子，连接三根下种筒，再与耧腿连接，打开下种子的插销，种子就顺着下种筒流向耧腿，最后落到地里（图6-18）。耧车播种时用的铧类似于犁铧，但相对较小些，10厘米长，8厘米宽，中间有一高脊。将铧插入耧车脚背上的二孔中并紧紧绑在横木上。这种铧入地8厘米深，而种子经过耧腿落下来，因此

图6-18 耧车

能在土中种得很深，最后再覆压土壤。用耧车耕种的土地如同用小型犁过那样。耧车和犁一样大约在十年前已不再使用。

（三）锄头

锄头的用途非常广泛，可以用来收获、挖穴、打垄、耕垦、盖土、除草、松土等。在村民家中见到的有大锄头、小锄头，也有刃中间镂空的锄头（图6-19）。大锄头锄得深一点，小锄头锄得浅一点，刃中间镂空则重量轻一些，使用起来更加省力。村民至今仍然常用锄头进行除草。

图 6-19　锄头

（四）耙子

耙子是用于表层土壤耕作的农具，有排列整齐、比较锋利、相互间隔一定距离的尖齿，可将较密实的土块挖起，也可以将较松散的土壤搂得更疏松。背部可以用来敲碎较大的土块。耕作深度一般不超过15厘米。在村民家常见三齿耙子（图6-20）和八个或九个齿的多齿耙子（图6-21）。

虽然随着现代化工具的运用，许多传统农具都已经逐步退出历史舞台，但铁耙子至今还常用于在小块土地里翻地、平地碎土、耙土、耙堆肥、耙草、平整菜地等。

图6-20　三齿耙子　　　　　图6-21　多齿耙子

图 6-22　叉子　　　　　　　　　　　　　　　　　　　图 6-23　镰刀

（五）叉子

叉子是用于叉柴、草、麦秸秆等用的工具（图6-22），现在依然也较为常用，如收麦时用于叉麦秸秆、装运饲料等。

（六）镰刀

镰刀是农村收割庄稼和割草的工具，由刀片和木把构成，是农村普遍使用的一种农具。村民家中看到有几种不同用途的镰刀。一种主要用来割草和收割庄稼用的镰刀，人们常叫它麦镰。这种镰刀一般刀口较长，刀片较薄，分量较轻，割麦子的时候切割面大，麦秆容易切断，工作效率高（图6-23，左一、左二）。还有一种人们常用来砍柴或是采集野果、药材用的，刀口较短，刀片较厚，分量较重一些（图6-23，右一、右二）。传统镰刀的刀片一般都是由铁匠手工打制，一些有名气的铁匠还会在刀片上砸上自家的名号。

（七）铡刀

铡刀是用来切草、树枝、麦秸、玉米秆等的工具。铡刀由一块中间挖槽的长方形木头底座及一把带有短柄的生铁刀两部分组成。刀的刀尖部位插入木槽里固定。刀柄一端的木头底座被做成鱼尾状，这样来起到稳定铡刀的作用。铡刀主要用于给牲畜铡饲料，一人把草料平铺到底座上，另一人握住刀柄向下用力切割，为了防止饲料受刀刃的挤压而打滑，还在底座的木槽两边钉上一排铁钉（图6-24）。

图6-24　铡刀

（八）辘轴

在赵沟村的打麦场上还见到一种村民称为辘轴的工具。辘轴的直径与辘轳的直径相当，有石质和木质两种，主要用于碾压。麦子收割以后，在打麦场上或是选择比较平整的地面，由人或者牲畜拉着，前面挂一个石质的辘轴，后面挂一个木质的辘轴，木质的辘轴后面再挂一块石板（未见到实物），来碾压晾干的麦子。村民说用这样的辘轴组合工具利于麦穗脱粒，又不会伤到麦粒，而且还能把麦麸碾得细碎，碾压出来的麦麸牛也更愿意吃（图6-25、图6-26）。

图 6-25　石辘轴

图 6-26　木辘轴

（九）采摘工具

为了方便管理、修剪树枝和采摘果实，人们会请铁匠打制或在集市上购买果树剪，依据树木的高低配上轻质、长度适宜的杆子，以便林间的劳作（图6-27）。

到了秋天，柿子成熟，为了采摘高处的柿子，特别是完全成熟的软柿子，村民会利用竹子制作出摘柿子的工具。采摘柿子的工具一般选用手能握住粗细的竹子，截取适宜的长度（常见的一般4~5米），将细的一端劈开，等分出细竹条，为防止往下开裂，在留出适宜长度位置的末端箍上铁丝。竹条的中部用一个铁环支撑，顶端也用铁丝箍起来，这样就形成一个大肚的竹笼，再在一侧留出可套住柿子大小的口就制作完成（图6-28）。

图 6-27　果树剪　　　图 6-28　摘柿子工具

（十）石磨

在电磨出现以前，石磨是村里加工粮食、研磨食材的主要工具。全村的石磨尺寸上没有太大的区别，主要用来加工小麦、玉米等，一般下面还安置石磨盘，这样更便于收集石磨中流出的面粉（图6-29、图6-30）。也可以用来磨花椒或是磨豆子制作豆腐等。电磨出现以后，大部分石磨已经不再使用而闲置散落在村里（图6-31、图6-32）。

（十一）石碾

石碾是用来把谷物去皮或者压碎的工具。石制的部分包括上面的碾

图 6-29　完整的磨盘　　　　　　　　　　　图 6-30　完整的磨盘

图 6-31　村里散落的磨盘上扇　　　　　　　图 6-32　村里散落的磨盘下扇

砣子（碾磙子）和下面的碾盘。另外还有碾框、碾管芯、碾棍等木质构件组成。碾砣子在碾盘上滚压谷物，碾盘用来承托碾砣子。赵沟村的石碾体型相对较大，而且使用起来需要相对大的空间，数量不多，为全村的公用之物，被安置在相对开阔的公共空间。现在，石碾已经几乎不再使用。近几年，传统村落的访客多了，石磨、石碾才又被重新安置起来，成为展示乡村生活记忆的景观小品（图6-33）。

图 6-33　石碾

（十二）筛箩

筛箩是一种专供筛面粉、红薯粉、绿豆粉等粉状物质或过滤流质的器具，在赵沟村称之为箩。底部比筛子细密，用绢或细铜丝等材料做成。下面做一个木支架，架在缸、盆等容器上，前后推拉，细致的粉末就会从网眼里滤出，不能滤出的粗大颗粒可以再用石碾碾压或是用石磨研磨（图6-34）。粮食的粉末加工得越细，做出的食物越精致。河南主要以面食为主，赵沟村也不例外，所以，筛箩至今仍在村民的生活中发挥着重要的作用。

图 6-34　筛箩

（十三）饸饹架子

饸饹面是我国北方的一种传统特色面食。制作时先将饸饹架子架在锅的正上方，将和好的面团放在饸饹架子的漏孔里，通过杠杆作用把面挤轧成细圆长条状，直接落入锅中煮熟即可食用。做饸饹面主要用小麦面和红薯面，要比擀面条用的面和得软一些。饸饹面依据喜好可以做成汤面也可以做成捞面，还可以做成凉面。

赵沟村家家都有饸饹架子，可见当地村民喜爱饸饹面的程度（图6-35至图6-38）。

（十四）石槽

石槽以满足最基本的功能为主，没有任何的装饰，显得简单质朴、粗犷随意。有鸡、狗、猪等用的小石槽，也有牛、马等大牲口用的大石

图 6-35 饸饹架子

图 6-36 饸饹架子的漏孔

图 6-37 饸饹架子

图 6-38 定期清理维护

槽（图6-39）。随着社会的发展、时代的进步，石槽多已不再使用，被人们随意丢弃在路边。

图 6-39 石槽

（十五）石臼

石臼也是以满足最基本的功能为主，没有任何的装饰，显得简单质朴、粗犷随意。石臼多用以砸、捣，较大的石臼常用来捣碎新鲜玉米等来做鸡鸭的饲料，较小的石臼也常用来研磨药材、食品等。石臼目前在村民的生活中还比较常见，特别是日常生活中常用来捣蒜、韭花、辣椒等调味品或药材用的小石臼（图6-40）。

（十六）编制品

编制品是劳动人民充分利用自然资源如竹子、柳条、荆条等材料编制的器物。赵沟村周边山上虽然也有竹林，但竹子太小并非理想的编制材料。而渑池县南与洛阳市的洛宁县接壤，洛宁县淡竹的栽培历史悠久，素有"竹乡"之称。洛宁竹编远近闻名、享有盛誉，这里的村民很早以前就开始使用洛宁竹编。在赵沟村可以见到竹编的暖水瓶套、竹帽、簸

图6-40 大小各异的石臼

篮、筛子、竹篮等（图6-41至图6-43）。

赵沟村周边的山上虽然有柳树但数量不多，另外柳条比较硬，编制难度比较大，较为费时费力，所以柳条编制品并不多见。但柳条编制的器物细致且结实耐用。即便如此，繁重劳动下的频繁使用，也会有较大的磨损消耗。爱护工具的人们还会对手持的部分进行加固来加以保护（图6-44）。

图6-41　竹编的暖水瓶套

图6-42　竹编的帽子

图6-43　竹编的筛子和簸篮

图6-44　柳条编的簸箕

图 6-45 高粱秆编的馍筐、菜筐

高粱秆常被人们充分利用起来制作各种工具，如用来放刚包好的饺子、擀好的面条或是刚出笼的馒头等的托盘、筐（图6-45）。常见的还有用高粱秆剩下的穗来制作扫地的笤帚和刷锅、扫床用的刷子等。近些年，这些纯天然材料制作的器具渐渐地又开始受到人们的推崇。

荆条在中国北方地区广为分布，在豫西地区也极其常见，多生于山地阳坡上形成灌丛，唾手可得。用荆条编的工具是北方农家里最常见的生产生活工具。需要承装重物的就选择稍微粗一点的荆条，编得体量适宜、荆条密实一些（图6-46、图6-47）。需要装运轻质且体量较大的物品时就编得体量稍大、荆条稀疏一些（图6-48）。有的需要装食物，为了防范老鼠或是猫偷吃，要便于挂在高处，还要编上盖子。村民还给这样的容器起了一个有意思的名字，叫它"气死猫篮儿"（图6-49）。需要用来晾晒物品的就要编得敞口、浅一些（图6-50、图6-51）。需要装一些针头线脑之类的细小物品时，也会选择最纤细的荆梢来编制紧实细致的小筐（图6-52）。

图6-46　荆条编的篮子

图6-47　装着土豆的篮子

图6-48　装草、麦秸用的花篓（当地方言）

图6-49　带盖子的篮子（气死猫篮儿）

村民还用荆条编制规格不同的荆笆（图6-53），常被使用在建筑上，村里有一部分抬梁式坡屋顶建筑就是用荆笆代替望板以行铺设。几乎所有带前檐廊的建筑，都会在檐廊的檐柱与金柱之间的穿插枋上，担上木梁铺上荆笆，用来晾晒粮食。

现在，村民的生产生活中还有很多用荆条编制的各种工具。三四十岁的村民还有不少人可以任意编制需要的器物。不过再年轻的一代已经几乎很少人还会或是再乐意去编制传统器物了。

图6-50　荆条编的簸篮

图6-51　装着大蒜的簸篮

图6-52　荆条编的针线筐

图6-53　荆笆

赵沟村的山坡上，还长着一种和芦苇相似，相对芦苇较细也较软的植物，村民们称之为菅茅，用它做成刷子可以用来扫床单、掸灰尘，也可以扫衣服、刷尘土（图6-54、图6-55）。

（十七）蜂箱

赵沟村油菜花、桃花、杏花、梨花、洋槐花、荆条花、玫瑰花、野菊花等极为丰富，为村民养蜂创造了极佳的条件。目前全村有30多户村民养蜂。村民们养蜂获取蜂蜜，来满足自己的需要，还可以卖给游人增加经济收入。

村民就地取材，合理利用材料的特点，制作出形式多样的蜂箱，

图 6-54　菅茅

图 6-55　菅茅编的刷子

图 6-56 蜂箱

安置在房前屋后、院子周边、小树林里（图6-56），形成了另一种村落风景。

(十八) 其他

随着社会的发展,一些传统工具已不再使用,散落在居民的家中,在居民家中的院子里或是在房屋的二层空间还零星可见(图6-57、图6-58)。其中仍有许多所蕴含的故事已不被年轻人所知,渐渐地被淡忘、消失。

图 6-57　盛粮食用的斗　　　　　图 6-58　织布用的梭子

三、收获

收获季节,金灿灿的玉米、红通通的辣椒,还有各种蔬菜的种子等,被编成串挂在院子里晾晒,檐廊下的二层空间、新盖平房的屋顶上、院落大门外的空地都被充分利用起来,院子里充满了丰收的气息(图6-59)。

村落里人与动物和谐相处,院落里晾晒的黑豆、黄豆吸引了一群麻雀前来啄食,一边坐着做针线的奶奶也并不去驱赶它们,院子里一副安逸、和谐、生动的景象。村民说,黑豆、黄豆对于麻雀来说颗粒比较大,

图 6-59 晾晒的各种农产品

图 6-60　啄食小虫的麻雀

不能吞咽,麻雀不会去吃多少,并且种植过程中几乎没用过农药,收获时会有一些小虫子也是自然,晾晒的时候就会吸引许多麻雀来啄食小虫(图6-60)。

第七章 赵沟村的保护及发展

一、赵沟村的发展现状

随着传统村落保护工作的推进，赵沟村传统民居建筑群逐渐开始得到相应的修缮，然而传统村落、传统建筑中积淀的历史文化信息、历史痕迹仍未得到足够的重视与尊重，一些新建、改建的建筑设施与环境不协调，一部分历史记忆正慢慢消失，现状仍然令人担忧。

村落经济相对落后，经济来源相对较少，垃圾回收、污水处理、卫生条件仍较落后。文化娱乐设施单一，无法满足村民尤其是年轻人的文化娱乐生活需求。

随着社会经济发展，赵沟村村民改善居住环境需求增强，近几年在古村范围内新增了村民自建住宅，点状分布于村落之中，在建筑形态、体量、材质和色彩上与村落整体风貌不相协调。由于缺乏相应的管理措施和保护指导，此类建筑尚未得到管控，并有逐步增多趋势，对古村未来的保护带来威胁，逐步侵蚀着传统村落格局的个性与特色。

随着时代的发展，学生外出上学，年轻人要么到山外定居，要么到外地打工，村子人口流失严重，村落"空心化"现象比较突出。而且老年人占比90%以上，村落"老龄化"现象已相当严重。

二、赵沟村的价值所在

赵沟村三面环山，一水东流，自然风光秀丽，生态环境优美。赵沟村依自然山水地势布局，内部历史格局以其宏观的形象反映出与其他村落的差异。民居建筑保留着较完整、清晰的家族发展脉络以及与其联动、受其影响的建筑发展脉络，呈现出较清晰的家族、家庭发展印记与特征。

传统民居作为当地居民的生活场所，在经历了历史的变迁之后，生活场景在同一个空间内的叠加与融合，正是社会发展、地域文化发展的见证。体现着赵沟村传统的生活方式和社会结构的变化，以及人们为适应社会所作出的改变与能动反映，展示着鲜活的生活风景，活态传承着传统的农耕文化。

赵沟村的形成和发展与地域环境、传统农耕活动、生活方式有着密切的关联，特色的传统建筑、珍贵的历史记忆、幽美的自然环境、鲜活的农村生活风景是构成其独特个性的景观文化基因，是进一步深入研究豫西民居地域特色、地域文化珍贵的实物样本。

三、赵沟村的保护与发展思考

在高速的现代化、城市化进程中，地方风貌急速地走向趋同，千城一面、千村一面的现象日趋严重，探索今后的发展道路，尊重与保护传统村落的个性与特色显得极其重要。

赵沟村在今后的发展中，应进一步明晰自身的个性与特色，依托优美的自然山水环境，修复、优化原生态环境系统；寻求适宜的传统经济增长途径，留住年轻人、吸引年轻人回乡创业；尊重并继续深入挖掘历史文化信息、历史印记，重拾历史记忆，传承优良传统文化；确保文化遗产安全，满足居民的现代生活需求，进一步改善生活条件，深入研究传统建筑与现代农村生活的关系、科学制定历史环境维系指导原则，维系人与自然和谐共生、真实鲜活的美丽村落，活态展示出一个人与人、人与环境和谐相处、特色鲜明的魅力村落。

后 记

民居建筑文化遗产保护经历了由重视具有重大价值的单体建筑（建筑群）发展到反映传统风貌、地方民族特色的片区，再到注重物质文化保护和非物质文化活态传承及农耕文明存续状态的传统村落保护这样一个过程，通过法律、行政手段，已经形成了一个较完整的保护体系。河南的传统村落、民居也得以受到更多的关注。

河南的民居研究及保护工作起步相对较晚，以郑州地区为例，除了康百万庄园等列入"国保""省保"单位的"高大上"对象以外，大量民居及其价值仍未被认知，尚未得到深入挖掘。特别是第三次文物普查以来，大量以往未被关注的"老百姓的建筑"被列入不可移动文物名录。但由于知名度不高，往往被认为并没有徽州民居、山陕民居等有较大的研究价值和意义。相关研究中仅个别案例被提及以外，其余涉及甚少。

因此，我们希望通过对这些传统村落深入的调查，力求尽可能多地挖掘其历史文化信息，记载村庄的现实状况，以求今后通过深层次的研究做出客观的学术评价，为推进活态的持续发展奠定基础。

对于赵沟村的调查工作，最早开始于2015年11月，由于多方原因，工作时断时续，调查工作进行艰难，但无论怎样我们的目标始终明确，陆续进行了十余次较为细致的调查，最终得以完成书稿。书中力求客观记录赵沟村的信息，为村落留下宝贵的原真性资料。由于水平有限，难免有疏漏和不当之处，欢迎广大读者批评指正。

在调研工作进行期间，得到了各方面的帮助和支持。

首先感谢所在单位郑州轻工业大学为我们提供了宽松的科研平台和良好的科研条件，艺术设计学院领导对研究工作给予了极大的关心和支持。感谢郑州轻工业大学研究生处、艺术设计学院研究生科等部门给予支持与帮助。感谢参与调查的郑州轻工业大学艺术设计学院研究生马宁、李义杰、张梦迪、郭思远、周敏、李卓约、周姝含、李子迎同学，国际教育学院纪慧敏、王银旗、黄振强同学。特别感谢艺术设计学院环境设计专业的吴溪同学，在调研与后期的数据整理、分析中做出大量工作。

感谢赵沟村朴实、热情的村民们，特别是赵建民及全家对我们的帮助与照顾，还有赵希峰等为我们的调研工作提供极大的支援与帮助，使我们能高效地开展工作，他们无私的帮助使我们深切地感到大山深处质朴亲切的乡情。

另外，研究工作得到了河南省住房和城乡建设厅及村镇处领导及专家的帮助与指导，得到了中共渑池县委宣传部的支援与帮助，还有一直默默支持着我们的亲人和朋友。在此一并表示衷心的感谢。

本书以及相关的前期研究与后期工作还得到了以下项目资金的支持：河南省哲学社会科学规划项目（2019BYS027），河南省教育厅人文社会科学研究基金（2013-ZD-098、2019-ZZJH-603），郑州轻工业大学博士科研启动基金(2013BSJJ070)，郑州轻工业大学研究生科技创新基金（2015、2016、2017、2018年度）等。

再次，表示衷心的感谢！

宗迅
2022年4月